FABIEN PELOUS

« À tous ceux qui m'ont permis de faire cette carrière exceptionnelle.

De mon premier entraîneur, à qui je faisais partager mes premières douleurs aux oreilles, au remplaçant qu'il fallait réconforter en passant par le dirigeant qui se démenait corps et âme pour son club, ou la star de l'équipe qui faisait gagner le groupe…

À tous, je dédie ce livre qui retrace les moments forts de ma vie, de leur vie, de la vie du rugby. »

FABIEN

PELOUS

118 vies

AVEC LA COLLABORATION DE

BENOÎT PENSIVY

ÉDITIONS
PROLONGATIONS

PRÉFACE

par Jean-Paul Dubois

Que serait-il advenu de Sartre s'il avait, un jour, croisé la course de Fabien Pelous ? Sa façon de considérer le monde en eut-elle été changée ? Comment l'auteur d'une des plus belles phrases de la littérature - « Tout un homme, fait de tous les hommes et qui les vaut tous et que vaut n'importe qui » (*) *- aurait-il réagi face à cet homme et demi ayant, dit-on, vécu cent dix-huit vies ? Sans doute aurait-il argué qu'il avait face à lui un spécimen confondant, voire une sorte d'artefact statistique, mais qu'en matière de seconde ligne de rugby, cela ne faisait aucun doute, il devait bien l'admettre, nul ne valait cet homme fait du savoir faire et de la mémoire de tous les autres.*

Seconde ligne est un métier incompréhensible. Qui peut raisonnablement ambitionner de passer une existence à, successivement, sauter en l'air, rentrer sous terre, gratter par-ci, déblayer par-là, pousser, plaquer, étayer, nettoyer, raffûter, ciseler le rucking, se résoudre au stamping et surtout, saison après saison, s'emboîter au plus près dans l'épiderme moite et spongieux du fourbe et reître Anglais ? Cette étrange profession, Fabien Pelous l'exerça, été comme hiver, dans les deux hémisphères, avec une sorte de conscience angélique propre à cette caste de double mètres qu'il appelait lui-même parfois « les pénibles ». Mais de tout cela, de ces chapitres de force et d'adresse, de ces numéros de courage et d'abnégation, de ce lyrisme des rotules voilées et de ces acromios « en touche de piano », on vous a déjà, au fil du temps, largement rendu compte. Ce qu'en revanche vous allez découvrir dans le sillage de ces Cent dix-huit vies, *ce sont les contours d'un autre monde, apaisé en quelque sorte, et éclairé par une lumière d'automne, de celles qui, dans les stades allongent les ombres parmi les ballons morts. Ici, les nuances se feront plus intimes, les notations plus personnelles, par exemple lorsqu'on évoquera les reflets de l'enfance ou la joie de courir dans les champs avec en soi cet émerveillement d'être vivant, simplement. On devinera la douceur de cette jeunesse au travers de références à* La rivière du sixième jour, *splendide roman de Norman Maclean. Viendront ensuite les saisons d'apprentissage, celui du rugby mais aussi celui du métier d'homme, sport individuel autrement périlleux. Bien sûr, il sera aussi question de cette géographie des accointances, de ces lignes de partages affectives tracées du Lauragais vers Graulhet, ou filant de Dax à Toulouse, de ses guerres inexplicables mais toujours recommencées contre les hordes d'Alan Quinlan et celles de Martin Johnson, de toutes ces saisons passées à ferrailler pour ferrer un Bouclier, jusqu'au jour où le grand gamin qui faisait ses premiers pas parmi les anciens de l'équipe, se retrouve, après quelques années passées aussi vite qu'une mi-temps, dans le dernier alignement des retraités, entouré de joueurs à peine sortis de l'enfance.*

Et finalement ce sont les récits de ces instants fragiles, - le tour d'honneur du dernier match où le stade debout semble applaudir à vos funérailles, - qui donnent tout son charme à ce livre, lorsque le héros cent fois raccommodé s'extrait enfin de cette longue et interminable mêlée, qui aura duré bien plus d'une décennie, pour s'éloigner et continuer seul la fin de sa partie. Et vous savez à quoi il pense alors ? À ses oreilles d'enfant. À ses pavillons intacts parfaitement dessinés. Il en regarde aujourd'hui les vestiges et mesure à quel point le temps et les regroupements lui ont raboté les cartilages. Et puis, lorsque tout est dit, après le dernier match perdu, il revient dans son club, à Toulouse, et, seul dans les vestiaires, il vide son casier. Comme un ouvrier au soir de sa retraite range ses affaires et fait le compte de ses outils. Fabien Pelous accomplit les mêmes gestes. Il fourre toute sa vie dans un sac. Il prend aussi soin d'emporter son nom écrit sur cette étiquette qui matérialisait sa place dans cette pièce, mais disait aussi son appartenance à ce club, son importance dans ce stade. Il emporte son nom avec lui. Parce que c'est le sien et que c'est fini. Pour se souvenir, plus tard, aussi, que, pendant bien longtemps, il fut bel et bien là.

Mais s'il est une unique histoire que je devais garder de Fabien Pelous, ce serait celle-ci : en 1999, il gagna, avec Toulouse, la finale du Championnat contre Montferrand. C'était la première fois qu'il remportait le titre. Alors, bien sûr, à l'issue de la rencontre, il leva les bras et fit ensuite tout ce que le monde fait durant ces soirées-là. Mais de retour à Toulouse, le lendemain, il ne dit rien à personne, disparut discrètement à la faveur du crépuscule et embarqua le Bouclier de Brennus dans sa voiture cabriolet. Comme un parent que l'on ménage, il l'installa confortablement à l'arrière, démarra en douceur, et roula ainsi toute la nuit, seul avec lui.

Vous voyez, j'ignore combien j'ai déjà vécu de vies, et s'il m'en reste une ou deux en réserve. Mais quoi qu'il arrive, quel qu'en soit le nombre, à la fin, lorsque je ferai les comptes, je sais qu'il m'en manquera toujours une. Celle où le héros comblé et imbattable s'éclipse de lui-même, un soir, en décapotable.

Jean-Paul Dubois

*** Jean-Paul Sartre, *Les Mots*, paru dans Les Temps modernes en octobre et novembre 1963 et en volume chez Gallimard en 1964.**

AVANT-PROPOS

Au nom des rebonds favorables

J'ai longtemps refusé de me retourner. J'ai connu des matches pourtant où il aurait sans doute mieux valu, pour éviter les coups. Une fois sorti du terrain, regarder derrière, c'était perdre du temps. Un bon match succéderait bien à un mauvais, une victoire à une défaite. Et inversement... J'ai vite compris que tout cela est bien fragile et ne tient finalement pas à grand-chose. Le destin joue parfois aux dés. Alors, mes jambes en poteaux et moi, nous avons avancé. À bloc. Toujours à bloc. Jusqu'au lendemain de la Coupe du monde 2007.

Annoncer la fin de ma carrière internationale, c'était déjà entrevoir une première lumière blanche. Comme si ma vie avait défilé. J'ai revu le film. J'ai revu ce gamin des contreforts du Lauragais, empoté, fils de paysan arrivé au rugby par hasard, réussir ce qu'aucun autre joueur de son pays n'avait réussi. Je me suis rendu compte que ma carrière n'était quand même pas banale... et que la recette ne devait pas être si mauvaise.

Je me suis dit que l'heure des bilans était venue.

Non pas pour ériger ma propre statue, mais juste pour être utile, pour dire aux enfants et aux autres que tout est toujours possible, que le un-contre-un que certains mènent face à l'existence n'est jamais perdu d'avance. Surtout si l'on a autour de soi quatorze autres types prêts à en découdre pour le plaisir d'une joute collective.

Transmettre, passer, en somme, mais aussi témoigner de près de vingt ans au plus haut niveau, de toutes ces riches heures vécues au cœur du rugby français. J'en conserve pour toujours le son des rires, des joies, des anecdotes récoltées et cent fois narrées juste pour l'allégresse, mais aussi des déceptions et quelques colères ; la fierté jouissive des belles victoires, l'écho amer des mauvaises défaites…

Raconter son histoire, c'est rendre hommage à ceux qui, de près ou de loin, ont accompagné sa vie. En l'occurrence, ceux qui m'ont permis de profiter de cette existence devenue schizophrénique, parfois totalement parallèle, presque désociabilisée au fil de la professionnalisation du rugby. Le sportif de haut niveau vit souvent replié sur lui-même, sans toujours s'en rendre compte… De la famille qui m'a vu naître à celle que j'ai fondée. Des éducateurs qui m'ont formé aux entraîneurs qui m'ont façonné. Des joueurs que j'ai combattus à ceux avec qui je suis allé combattre. Aux passants que je n'ai fait que croiser. À ces liens tissés çà et là sur la planète ovale et ailleurs, au nom de ce sport formidable qu'est le rugby, jeu unique, passionnant et qui me manquera. Au nom aussi d'une des valeurs qui m'a été inculquée à travers mon éducation : le respect.

Grâce à cette alchimie, la vie m'a souri. Les printemps ont succédé aux printemps. Du vert de mes premières années au bleu roi frappé du coq, en passant par le rouge et noir saverdunois, graulhétois ou toulousain, mon cœur est à jamais plein de couleurs. Je suis un privilégié : j'ai déjà eu des tonnes de bouts de vie. En voici cent dix-huit.

1

Et au milieu coulait une rivière...

Je suis un produit de la terre. Je suis de Gibel, un village où l'Aude, l'Ariège et la Haute-Garonne se rejoignent, les premiers contreforts du Lauragais comme amarres. En face, dépliant leur majestueuse envergure d'est en ouest, posées là comme l'entrée d'un nouveau monde, les Pyrénées. Au milieu, en contrebas, la plaine déchirée par les eaux de l'Ariège dessinant en son cœur une cicatrice de fertilité. La terre de mes collines a toujours été moins fertile, d'un point de vue agricole, mais, portant en elle les racines d'un destin peu commun, elle fut le décor d'une fantastique aventure humaine, éclairée par une bonne étoile qui, bientôt, ne me quitterait plus.

L'aventure prit sa source dans les eaux troubles de la Deuxième Guerre mondiale. Le destin eut un premier visage, celui d'André Trigano. Membre de la famille future fondatrice du Club Méditerranée, « Monsieur Trigano » n'était alors qu'un jeune homme lorsque, fuyant la barbarie nazie, il arriva là, dans la plaine, dans la petite commune ariégeoise de Mazères. André était juif. Mazères lui offrit la protection de la clandestinité. Il y trouva non seulement l'hospitalité et la solidarité gasconnes mais aussi l'amour. De ce « don » naquit une gratitude que M. Trigano, devenu notable et riche entrepreneur, n'eut de cesse de témoigner durant toute sa vie. C'est ainsi qu'au début des années 70, il acheta trois cents hectares de « ma » terre difficile, située sur les hauteurs entre Gibel et Mazères. Pour les cultiver, il fit appel à la main-d'œuvre locale, des jeunes agriculteurs du coin. Parmi eux, mon père, André Pelous.

À l'époque, mes parents vivaient encore chez mes grands-parents paternels, pas loin de la maison qui avait vu naître mon père une trentaine d'années plus tôt, au cœur d'une fratrie de cinq frères et sœurs. Le quotidien était ardu et réussir à nourrir deux familles sur la même exploitation était chaque jour plus difficile. Ma mère était, elle aussi, fille de paysans. Elle avait grandi à quelques kilomètres de là, côté Gibel, première d'une lignée de trois sœurs, soit six bras en plus de ceux de ses parents, Maria et Camille, pour travailler les quinze hectares de leur ferme.

Mes parents ne se plaignaient pas de cette coexistence contrainte, ça n'est pas dans leur éducation. L'initiative de M. Trigano changea néanmoins leur vie. Sur ces collines offrant certes un dur labeur mais aussi le plus beau belvédère de la région, les nouveaux métayers ne devinrent pas riches. Le premier salaire de mon père fut de 90 francs. Mais Trigano n'investit pas seulement dans le cochon, le maïs, le sorgo, le blé ou le pois. Il créa carrément une sorte de monde parallèle, quelque part entre kibboutz, kolkhoze et camp VVF. Entre autres services, chaque mois, on distribuait vin, viande de porc et pommes de terre ; la piscine du propriétaire était ouverte à tous les enfants ; un ramassage scolaire était même organisé, avec ma mère comme chauffeur du bus ! Les neuf employés et leurs familles étaient logés quasiment gratuitement. Mes parents quittèrent ainsi le cocon familial et emménagèrent dans une petite métairie de la propriété, La Vivié. C'est là que je vis le jour le 7 décembre 1973, deux ans après mon frère Christophe, deux ans avant ma sœur Sandrine. Je pesais alors 4 kg pour 59 cm. Et je m'apprêtais à vivre une enfance certes modeste, mais que je souhaite à tous.

Au fil de ma carrière, je croiserai de temps en temps « Monsieur Trigano ». À chaque fois, on pourra deviner dans les regards la reconnaissance de l'un et la fierté de l'autre. Et un même attachement à la terre souffreteuse de nos collines.

2
Liberté, liberté

Jusqu'à ce que je vive ma propre vie, La Vivié a été ma seule maison. C'était une petite bâtisse de plain-pied balayée continuellement par le vent d'Autan, située à quatre cents mètres du premier voisin, à cinq kilomètres du premier village. Un petit chemin de terre y menait, tombant d'abord sur notre temple à nous, mon frère, ma sœur et moi : un bout de pelouse aménagé en terrain de football avec ses « cages » faites à la main. On marchait beaucoup au conflit avec Christophe et Sandrine, deux contre un, moi contre tous...

Selon mes parents, j'étais un enfant affectueux, mais aussi le plus solitaire, le plus têtu, le plus râleur, le plus colérique... Il y avait même en moi, paraît-il, un peu de violence à évacuer...

Chaque fois que j'allais à l'école, je voyais toute la chaîne des Pyrénées, sans me rendre compte de cette beauté tant elle était quotidienne. Nous étions à une heure de la montagne, mais je n'ai appris à skier qu'à vingt ans ! J'ai vu plus tôt la mer de près. L'été, nous allions dans un chalet à Gruissan. Une semaine, quinze jours les belles années, c'était ça les vacances de mes parents.

À la maison, ce n'était pas Cosette non plus, j'avais tous les jours à manger dans mon assiette. Avec mon père, c'était même « je prévois large et je multiplie par deux ». Sans parler de la croustade aux pommes de ma grand-mère Maria, dont je garde à jamais le goût et l'odeur savoureuse...

Si nous n'avions pas grand-chose, nous n'avons en revanche jamais manqué de rien. Et surtout, j'avais le meilleur, l'insouciance et la liberté offertes par un terrain de jeu immense : la nature. J'étais une sorte d'enfant du marais, bouffant l'espace et ne trouvant de joie que dans la dépense physique. Les bois, les champs, les lacs... Cet endroit m'a façonné. Mon frère, ma sœur, moi et tous les enfants des fermes alentour, dont nous avions fait nos amis, vivions en totale liberté, toujours dehors, jamais surveillés. Il ne pouvait rien nous arriver.

Enfin presque. Nos parents avaient fixé des limites. Mais, comme tous les gamins, nous jouions avec. Je me souviens ainsi particulièrement d'un certain hiver… Les deux petits lacs d'irrigation qui représentaient, l'été venu, des océans pour les radeaux de fortune que nous construisions, étaient alors recouverts de trente centimètres de neige. Évidemment, nous nous étions amusés à faire du patin dessus… sans patins. Si ça craquait, on était morts… Mon père, au retour du travail, a fini un jour par voir les traces dans la neige. Il a compris. Et nous aussi...

La planète est immense et moi, je me rattache à ces quelques kilomètres carrés où je suis toujours revenu. J'en connais tous les chemins et tous les gens qui habitent dans les métairies. Rien n'a bougé, à peine un coup de peinture...

Je n'ai jamais fait de complexe par rapport à mon milieu d'origine. Au contraire, je suis fier de ces racines, de l'enfance que j'ai eue, à mettre la main à la pâte à la ferme, à courir dans les champs, sans autre besoin que ces petits bonheurs qui nous tendaient les bras. Pas de tentations, pas de frustrations ! Je suis fier aussi de la manière dont mes parents ont su valoriser l'intelligence, le respect et le travail. Quand, adolescent, j'ai évoqué du bout des lèvres l'idée de partir en section sport-études, je craignais leur réaction. Aujourd'hui, une telle démarche s'inscrit dans la logique, mais ce n'était pas le cas à l'époque. Mes parents n'envisageaient pour leurs enfants rien d'autre que des études. Pourtant, ils m'ont dit : « Fonce ! » C'était leur fonctionnement. À la nuance près que le « OK… » de principe était souvent suivi d'un sage « … mais tu assumes. »

Mes parents rêvaient simplement qu'on soit bien dans nos baskets et qu'on s'épanouisse. Et c'est ce qu'ils ont réussi. Ils ont même fait mieux que ce qu'ils pouvaient. Pourquoi, dans le même lopin de terre, certains ont « émergé » socialement et d'autres moins ? Il y a là une part de destin, c'est certain, mais pas seulement... Notre éducation paysanne frôlait parfois l'élevage, oui, mais le bon !

Alors, bien sûr, question sentiments, c'était un peu le royaume du non-dit.

La première fois que mon père m'a dit que j'avais fait un bon match, cela devait être à l'issue de ma soixantième sélection ! Et pour mon premier passage dans *La Dépêche du Midi* pour mon intronisation chez les seniors de Saverdun, ma grand-mère paternelle, Alba, a juste remarqué : « Dis donc, t'es pas terrible sur la photo ! » Ce n'est pas pour ça qu'ils n'étaient pas fiers...

Il y a peu, alors que je rendais visite à l'improviste à mes grands-parents maternels, octogénaires qui ont vécu toute leur existence sur leurs quinze hectares, ma grand-mère Maria envoya dans les cordes le journaliste qui m'accompagnait et qui lui demandait pourquoi il n'y avait pas plus de photos de moi chez eux : « Pourquoi en aurais-je plus de lui que de mes autres petits-enfants ?, questionna-t-elle à son tour. Et les autres, c'est de la merde ? » Avant de lâcher, le journaliste ayant insisté, avec quand même un brin d'émotion : « Fabien, je l'estime, parce qu'il n'a pas été orgueilleux. » J'ai aimé cette phrase pleine de pudeur...

Chez moi, là où j'ai grandi, l'amour ne se dit pas mais se donne. Et je ne me suis jamais senti en manque.

Si je ne suis pas aujourd'hui un handicapé des sentiments, je l'ai toutefois longtemps été. Ne pas trop fonctionner à l'affectif, ne pas trop témoigner de ses émotions... Je revenais de loin, tout de même ! Je n'ai compris que plus tard qu'on pouvait faire autrement, et surtout que d'autres pouvaient ressentir des besoins différents.

3
Poète, vos papiers

La Vivié était située sur la commune de Gibel. Mais de ce village haut-garonnais, nous ne connaissions que l'école et l'église où nous allions tous les dimanches matin pour la messe. Pour tout dire, nous avons essentiellement vécu « ariégeois ». Dans le quotidien de mes vertes années, cela signifiait surtout parcourir à vélo les cinq kilomètres de la descente conduisant à Mazères, première « ville » du département voisin, sur la route de mon existence. Descente à l'aller ; autrement dit, montée au retour... Bon Dieu, combien de cols pyrénéens ai-je eu l'impression de grimper sans penser alors que j'étais en train de fortifier les mollets d'un futur deuxième ligne du quinze de France !

Non, pour l'heure, aller à Mazères – et sa « grand-rue » où deux voitures ne peuvent pas se croiser –, c'était rejoindre les copains sous la halle de la place pour des parties de foot endiablées avant et après le catéchisme. Jamais de corps sans esprit, vive le terroir !

Si je n'ai jamais eu honte de mes racines, j'ai eu mes névroses, comme tout le monde... Lorsqu'à 9 ans, je me décidai à suivre mes camarades jusqu'au club de l'EN Mazères, carrefour de la vie du village, il fallut d'abord vaincre ma pudeur. Je garde un souvenir particulier de mon premier match de foot. Et du vestiaire 6 du stade municipal. J'avais 9 ans et je n'avais jamais pris une douche collective. J'étais gêné, il me tardait que ça se termine. Ce jour-là, je ne me suis pas éternisé. Je crois bien que j'avais encore de la mousse sur les jambes et de la boue sur les genoux quand je me suis rhabillé. Mais l'entraîneur l'a vu et m'a lancé : « Lave-toi, au moins ! » On ne rigole pas avec l'hygiène dans nos campagnes...

J'avais un autre complexe : ma taille. Je faisais trois têtes de plus que les autres. Les filles du collège de Mazères regardaient parfois bizarrement ce préado qui certes avait leur âge, mais aussi le physique de leur prof… Pour ma communion, impossible de trouver une aube à ma taille. Obligé d'en emprunter une au curé ! À 15 ans, je chausserai du 46…

En revanche, ma pointure a fait de moi une star du foot (à Mazères). Je n'étais pas bon, mais je dégageais loin. J'étais grand, gaucher, donc arrière gauche, et jusqu'à 13 ans, j'étais le seul de l'équipe à atteindre le point de penalty sur les corners ! J'ai même marqué l'histoire en réussissant sept corners directs en une seule saison de pupilles… dont la plupart, je dois l'avouer aujourd'hui, un peu malgré moi ! Un jour, l'éducateur vint carrément me demander de chercher de temps en temps à faire une passe sur les corners. Sur l'occasion d'après, encore un corner direct ! J'étais effondré… Mes coéquipiers, eux, étaient ravis.

Ma réputation précédant bientôt nos déplacements, nos adversaires ne tardèrent pas à réclamer systématiquement à nos dirigeants de voir ma carte d'identité. Et moi de me jurer de tout faire pour ne jamais passer pour Lennie Small, le géant à la cervelle d'enfant de Steinbeck dans *Des souris et des hommes…*

J'allais toutefois bientôt trouver un sport dans lequel on ne me demanderait plus mes papiers.

4

Coup de foudre

Saverdun, 52 rue du Capus. C'est là que ma carrière de rugbyman a commencé. Par hasard. Il ne pouvait d'ailleurs en être qu'ainsi.

Mon père avait bien tutoyé deux ou trois ans la deuxième ligne de Calmont, mais même si le rugby coulait depuis longtemps dans les veines de la culture locale, il n'avait pas encore contaminé le sang familial. En ce qui me concerne, c'est peu dire. Le premier match que j'avais aperçu à la télé, c'était une finale de Championnat ; la dernière de Béziers, je crois. Mais j'étais tellement « passionné » que, plutôt que de rester devant l'écran avec mon père, j'étais allé regarder *Dallas* chez un copain...

Le premier déclic vint de ce que le rugby a toujours fait de mieux : réunir les hommes. C'était pour une autre finale du Championnat de France, disputée par l'équipe réserve de Saverdun celle-là, dans ce qu'on appelait alors l'Excellence B. La rencontre avait lieu dans la Creuse, à Guéret, autrement dit au pôle Nord pour des Ariégeois. Pour emmener tous les supporters, un train avait été affrété ! Pour une finale d'Excellence B ! Pour moi qui n'étais que très peu sorti de mon village, ce fut un fabuleux voyage, plein de gaîté et de joie de vivre. Et qui imprima dans mon esprit que ce sport avait quelque chose de peu commun.

Au 52 rue du Capus, mes parents avaient investi dans une petite maison de ville bordant les rives de l'Ariège, pour « plus tard », quand ils auraient « marié le dernier », comme le chantait Sardou. Le samedi midi, on déjeunait rapidement pour venir aider mon père à la rénovation de la bâtisse. On y passait beaucoup de temps le week-end. Porter des briques, faire du ciment, monter un mur... Même si j'étais alors meilleur pour tirer des corners que pour bricoler, j'ai trouvé beaucoup de satisfaction à bâtir de mes propres mains. La première pierre de ma carrière fut posée lorsque le voisin, M. Servant, me voyant affairé avec mes grands compas, me lança : « Bâti comme tu l'es, il faut que tu ailles jouer au rugby ! »

Laurent Dussert, l'un des trois amis dont j'étais inséparable, était déjà passé du ballon rond au ballon ovale, ouvrant une brèche décisive dans laquelle ce bon voisin me poussa à m'engouffrer. Et dans mon sillage, Jean-Marc Roou et Christophe Miquel, les deux autres larrons de la bande... Sans ces potes issus des joies innocentes et pures de l'enfance, qui sait si j'aurais franchi le Rubicon ? Je découvrais alors une évidence qui guiderait nombre de mes pas par la suite : quand ce n'est pas l'amitié qui mène les hommes au rugby, c'est le rugby qui mène les hommes à l'amitié.

Comment avais-je pu passer à côté jusque-là ? Ce fut en tout cas le coup de foudre. Le combat et le un-contre-un, qui devinrent plus tard mon obsession de joueur de rugby, furent une révélation. Courir, sauter, plaquer, pousser, arracher, tirer, soulever et en même temps, passer, soutenir, réfléchir... Ce physique encombrant, qui avait été un handicap au foot, s'avérait tout à coup une arme. Pas de doute, c'était le sport qu'il me fallait.

À bien y repenser, j'appuie un peu fort sur la légende de l'apparition. À vrai dire, mon premier entraînement avec les minimes de l'UA Saverdun fut un supplice. Je n'étais pas sur un terrain de rugby depuis une heure que comme un symbole, j'avais déjà la tête enfouie dans une mêlée. Constatant que mon visage avait sérieusement chauffé, l'éducateur s'enquit de mon état de santé : « ça va ? », me demanda-t-il. « Oui, dis-je, mais j'ai mal aux oreilles ! »

Des milliers de mêlées et autant de « choux » plus tard, je suis partagé entre la nostalgie de mes oreilles trop tôt disparues et la fierté du vétéran du pack aux allures de vieux soldat affichant ses cicatrices de guerre comme le souvenir le plus visible de ses combats passés.

5
Touchez pas au « petit »

Saverdun, 3 500 habitants, sa maison du rugby, son église, sa mairie… Et, au milieu, comme liant les unes aux autres, le siège officieux de l'UA Saverdun : *Chez Sanchez*. À l'heure de l'apéro, les dimanches soir après le match, la plus belle femme du monde s'y serait morfondue de solitude. Joueurs, entraîneurs, dirigeants et supporters avaient tous les sens occupés ailleurs. L'ouïe branchée directement sur la sonnerie du téléphone annonçant un nouveau résultat de la poule ; la vue rivée sur le tableau de score mettant le classement à jour ; quant à l'odorat, au goût et au toucher, plus on avançait dans la soirée, plus ils étaient condamnés de toute façon…

Il faut comprendre. À haut niveau, aujourd'hui, l'important, c'est le sport. S'entraîner, c'est travailler, être professionnel. Jouer, c'est se faire plaisir. Mais avant le professionnalisme, nous étions en manque de rugby tout le temps. Aujourd'hui, les joueurs ne sont jamais en manque de rugby, ils sont en manque de plaisir… En revanche, à Saverdun, hier comme aujourd'hui, le rugby était et demeure avant tout une aventure humaine. Le sport n'est qu'un prétexte. Je me suis toujours dit que si on avait supprimé les troisièmes mi-temps, il n'y aurait plus eu de match.

Et à chaque rite, son initiation. S'agissant de la troisième mi-temps, c'est évidemment *Chez Sanchez* que, embarqué par des juniors, je vécus la mienne. Au Ricard… J'avais 16 ans et cela ne me réussit pas. Je passai toute la soirée, malade comme un chien, plié en deux sur la place devant l'église. C'est l'avantage des petits villages où foie et foi ont pignon sur rue : on peut simultanément pécher et se confesser.

Le terrain me convenait mieux. Petit à petit, je faisais mon trou. Chaque minute passée à jouer au rugby me le faisait aimer un peu plus. Grâce à un homme en particulier : Pierre Cuffy. Dans une vie, il y a toujours des rencontres qui comptent plus que d'autres, qui jalonnent les étapes importantes de l'existence. Celle de Pierre fut l'une de celles-là. Ancien demi de mêlée ou demi d'ouverture, il était un amoureux du jeu, du beau jeu plus exactement, doublé d'un grand éducateur animant la vie d'un groupe avec la bonne dose d'enthousiasme et de sagesse.

Je n'étais que cadet deuxième année quand, un vendredi soir, Pierre vint m'annoncer la nouvelle : « Aujourd'hui, tu t'entraînes avec la première. »

S'entraîner avec les seniors était une chose, jouer avec eux en était une autre. Être surclassé de deux catégories supposait l'accord de mes parents. Ces derniers s'interrogèrent quant aux risques, mais entre mon naturel robuste et la fierté de voir leur fils valorisé, le questionnement ne dura pas.

Pourtant, des dangers, il y en avait bel et bien. En ce temps-là, les terrains de rugby n'étaient pas vraiment une annexe de la sécurité sociale. A fortiori pour un adolescent faisant déjà son mètre 90, donc facilement repérable par l'ennemi, et arrivant dans une équipe où les introductions en mêlée étaient annoncées par un agressif « Ver-dun ! »

Ayant été à bonne école, j'avais les bases de « l'autodéfense ». D'ailleurs, autant je peux être doux et gentil dans la vie – je ne me suis jamais battu en dehors du terrain, je n'ai jamais cherché la bagarre –, autant sur le terrain, j'ai pu être dur. Pas violent ; dur... À Saverdun, j'ai vite compris que la violence faisait perdre plus de matches qu'elle ne permettait d'en gagner. Bien sûr, il m'arrivera de déborder un peu au cours de ma carrière, de commettre même quelques gestes déplacés, jusqu'à récemment... Peut-être fallait-il n'y voir que la manière rugbystique de me raccrocher, toujours, à mes racines !

Mon premier match en équipe première, qui évoluait alors en troisième division, fut une rencontre contre Lavardac, au poste de troisième ligne centre. Immédiatement, un ancien s'autoproclama responsable de « mes risques encourus ». Christian Breseghello, ancien pilier du Stade Toulousain revenu à Saverdun, me fixa les règles du jeu : « Toi, tu joues et moi je m'occupe du reste. » Vis-à-vis de l'adversaire qui tentait de jouer au sheriff avec son protégé, Christian se montrait encore plus radical : « Tu m'en descends un, je t'en tue deux ! » Quitte, parfois, à en « tuer » deux avant qu'un seul des siens ait été touché, au nom de la prévention.

La saison suivante, désormais junior, je jouais de plus en plus régulièrement quand vint ce qui reste l'un de mes plus grands souvenirs sportifs : Pamiers-Saverdun, sommet du rugby ariégeois. Avec, dans le camp adverse, un vis-à-vis pas comme les autres : Claude Spanghero de la fratrie des Spanghero, ancien international… de 25 ans mon aîné ! Le derby, dantesque et remporté par Saverdun, permit à ma notoriété de dépasser pour la première fois le cadre de mon village : j'eus droit à ma photo dans *La Dépêche du Midi !* Celle-là même qui fit dire à ma grand-mère Alba que je n'étais pas très photogénique… Ce dont je me souviens surtout, c'est cette phrase de Claude Spanghero, en début de match, à l'attention de ses coéquipiers : « Touchez pas au petit. »

Alors, aujourd'hui, quand quelqu'un me lance, un peu gêné : « Moi aussi j'ai joué au rugby, mais à petit niveau, pas comme toi », je suis content de lui répondre que, si, j'ai connu le « petit niveau » et que je peux en parler. Avec bonheur. À « petit niveau », les montées et les descentes ne servent qu'à alimenter les bons souvenirs ou les polémiques de coin de comptoir, mais au fond, ce qui compte, c'est de jouer avec le médecin, le fils du boucher, l'employé municipal… Puisque l'on ne fait plus l'armée, il n'y a plus que le sport pour entretenir la mixité sociale. C'est donc avec plaisir et fierté que j'ai gardé un « pied » à Saverdun. La nouvelle maison du rugby a été dessinée par mon frère, architecte, et porte mon nom. Faute, sans doute, de pouvoir l'appeler *Chez Sanchez* où, tous les dimanches soir, les clients ont encore les yeux aimantés par le vieux tableau de score.

6

Sur la route...

Un jour, il faut quitter sa terre. J'aimais tellement la mienne que la raison de m'en éloigner devait vraiment être essentielle, vitale même. Et elle l'était. J'avais trouvé la passion qui me faisait me lever le matin : jouer au rugby. Je ne pensais qu'à ça, ou presque. Les deux entraînements par semaine ne me suffisaient plus. Il me fallait plus. Devinant mon envie, Pierre Cuffy et un professeur du collège de Mazères évoquèrent la possibilité de partir en sport-études. Mais je craignais de décevoir mes parents. Je pensais à leurs sacrifices passés et à venir, à leur vie, à leur temps libre qu'ils nous consacraient à mon frère, ma sœur et moi. J'avais juste effacé de mon esprit que s'ils voulaient faire de nous des adultes responsables, ils espéraient surtout des adultes bien dans leur peau.

Leur feu vert acquis, je pris le chemin de la gare de Saverdun un dimanche soir, direction le pensionnat du lycée Jolimont à Toulouse. Tant qu'on n'est pas parti, on ne se rend jamais vraiment compte de ce que l'on laisse derrière soi. Dans le TER qui me conduisait vers ma vie de jeune homme, alors que défilaient les collines du Lauragais, je ressentais la déchirure. Je ne quittais pas seulement ma terre. Je quittais mes amis. Nos routes se séparaient ici.

J'ai toujours détesté être seul. Je n'ai pas l'air comme ça, mais j'ai besoin d'une présence. Une journée seul et je déprime. Je ne me suis jamais senti un parmi les autres, au pire ai-je été le membre d'un petit groupe au milieu d'un autre groupe. Avec mon frère et ma sœur, si nous avons été attirés par les sports collectifs et si nous avons toujours cultivé les valeurs de l'amitié, c'est parce que nous y avons trouvé le moyen de prolonger cette vie clanique qui fut le théâtre de nos tendres années. Tout se passait toujours à trois ou plus quand les enfants des fermes alentour ou ceux du village se joignaient à nous. On gagnait à deux contre un, on se chambrait, on en reparlait à table, l'histoire ne s'arrêtait jamais…

Arrivant à Jolimont, pour la première fois de ma vie, je me retrouvais livré à moi-même. J'avais grandi dans un collège où je pouvais quasiment mettre un nom sur tous les visages et je débarquais dans une usine de 2 500 élèves ! Et je découvrais la ville ! La première sortie dans Toulouse éprouva ma naïveté. C'était un mercredi, quartier libre pour les internes, et j'avais décidé d'aller au cinéma. En marchant dans la rue, je disais bonjour à tout le monde. À Mazères, tout le monde se connaît et si tu ne salues pas les gens, tu passes pour un mal élevé… Mais là, à Toulouse, évidemment, personne ne me répondait. J'étais un peu niais, je crois… Mais on ne m'y a plus repris. En même temps, je me demandais : pourquoi est-ce là où vivent le plus de gens que les relations humaines sont les plus pauvres ? Peut-être parce que ce qui est rare est cher…

J'étais perdu dans ce nouveau monde et mon premier trimestre scolaire fut catastrophique. Jusque-là, j'avais toujours eu des rentrées difficiles. C'était dur pour moi de sortir des vacances… Mais, somme toute, j'avais été un bon élève, me maintenant en tête du peloton sans trop forcer. Là, ça se gâtait un peu.

Rugbystiquement, en revanche, je m'intégrais rapidement. Nous étions encore à des années-lumière du professionnalisme et j'étais alors bien loin de penser à « faire carrière », ou même à gagner 1 000 ou 2 000 francs pour faire ce que j'aimais. Pourtant, tous les jours, j'étais le premier à arriver à l'entraînement, le dernier à en partir. Avec mes potes Bernard De Giusti, Mickael Carré, Vincent Combes et Stéphane Bourdet, une bande que je suivrai bientôt à Graulhet, nous nous ajoutions des séances de touches, de drops… En observant, d'un œil admiratif, les prouesses que réalisaient déjà quelques-uns de nos aînés nommés Émile Ntamack ou David Berty.

Si, à Saverdun, grâce à des éducateurs comme Pierre Cuffy, la technique était appréciée, le match le plus important se jouait souvent dans les regards lancés à l'adversaire dans le couloir des vestiaires, voire *Chez Sanchez*. À Jolimont, j'ai acquis l'envie d'être un « bon » joueur, façonné par le travail en opposition et tous ces quatre-contre-trois ou deux-contre-un qui permettent de vivre et d'apprendre à gérer des situations réelles de jeu. Façonné aussi par une vision intuitive du rugby. Je me souviens en particulier de Claude Debat, entre les mains duquel tant de jeunes sont devenus de « bons » joueurs, sinon des très grands. À l'âge où l'on se forge une personnalité, Claude savait valoriser ses joueurs. Avec beaucoup de respect, de retenue mais aussi de fermeté quand, venant le voir à quelques-uns dans son bureau pour le plaisir d'une discussion technico-tactique, nous gonflions nos torses imberbes à l'évocation de la dernière bagarre générale. Claude nous remettait en place. Son credo à lui, c'était de nous enseigner, justement, l'art d'être de « bons » joueurs de rugby : être complets, être intelligents, être des hommes. Des hommes munis de suffisamment de bagages pour pouvoir voyager. Je n'imaginais pas que le voyage puisse être aussi long et aussi beau.

7

À l'amitié, à la mort

Le week-end, je rentrais encore jouer à Saverdun. J'y retrouvais mes parents. Mais bientôt, le fil qui me liait le plus à eux était celui du téléphone. À la maison, celui-ci sonnait de plus en plus. Toulon, Narbonne, le Stade Toulousain, Agen ou Castres : Jolimont m'avait ouvert les portes des grands clubs français et leurs recruteurs frappaient à ma porte. Cette année-là, on en rencontra assez pour écrire un guide des restaurants du rugby. Mais j'étais encore un adolescent, à peine un jeune homme, et je n'avais qu'une envie, jouer avec mes potes de Jolimont. Et une seule certitude : jamais je ne signerais au Stade Toulousain ! Le tableau que m'en avaient fait mes amis qui y avaient évolué ne me disait rien qui vaille. J'étais déterminé à ne jamais porter ce maillot, lequel, plus tard, allait pourtant être le mien durant douze saisons...

Je choisis donc Graulhet. Dix mille habitants enclavés, une tradition de tannerie, les contreforts du Massif central : j'étais dans mon élément. Toute ma petite bande de lycéens avait décidé d'y prolonger l'amitié qui la soudait. L'amitié, comme un lien à ce qui avait été l'un des bonheurs de mon enfance. Ce n'était plus tout à fait le même cadre, et il ne me restait qu'à entretenir les valeurs que j'y avais acquises. Dans le Tarn, je trouvais vite une deuxième famille. Pendant les trois années que j'y ai passées, je logeais deux à trois fois par semaine chez Maryse Olivier. Au fil du temps, Maryse est devenue bien plus qu'une logeuse. Attentionnée comme une mère, elle fut dans le Tarn ce que fut Pierre Cuffy à Saverdun : une sorte d'ange gardien de ma bonne étoile.

Dès ma première saison, je fis quelques apparitions en équipe première, alternativement en deuxième ligne ou au poste de troisième ligne centre. Mon baptême du feu eut lieu face à Montferrand en Challenge Yves-du-Manoir, le « France-Roumanie » des joueurs de club. À l'époque, si le niveau était évidemment supérieur à celui de Saverdun, l'objectif du rugby au Sporting Club de Graulhet était le même : réunir les hommes. Le rugby avait encore une valeur sociale, c'était un gage de cohésion. Et en la matière, on n'y allait pas à la petite cuiller mais « à la truelle » ! Je ne me souviens pas d'un match qui ne se soit terminé au *Mille Pattes* ou au *Grand Gousier*. Sur le terrain non plus, la philosophie n'était pas très différente de celle que j'avais connue sur mes pelouses ariégeoises : on combat d'abord, on joue ensuite.

Je vécus ma première rencontre face au grand Stade Toulousain gonflé de ces vertus guerrières. C'était un match avancé, un samedi soir aux Sept-Deniers. En cours de partie, Hugues Miorin, légende à mon poste, entra en jeu sur une touche. Je ne sais pas ce qui me prit alors. Un peu d'inconscience sans doute… Je lui lançai : « Il te faut combien de mecs pour te soulever ? Quatre ? Cinq ? »

J'étais capitaine de l'équipe de France juniors et je me prenais pour quelqu'un. Pour le coup, je venais de marquer l'Histoire : la petite échauffourée qui s'ensuivit me valut le premier carton jaune du Championnat de France !

8
À U et à dia

Un titre, ça se respecte. Même le plus petit. Le bouclier de champion des Pyrénées cadets trône toujours en bonne place dans mon cœur comme au club-house de Saverdun.

De mes trois saisons à Graulhet, la deuxième fut la plus réussie sportivement. Et de loin. Rugbystiquement, elle fut même fabuleuse : on remporta la Coupe Moga – la consolante de la première division – et le Challenge de l'Espérance. En plus de ces deux trophées acquis avec mon club, cette année-là fut couronnée de deux autres titres pour moi. Le premier d'entre eux fut un sacre mondial décroché avec l'équipe de France juniors, une sélection dont j'étais le capitaine. Un beau moment. Le dernier fut totalement inattendu. Un bonheur surprise issu du malheur d'un autre, comme souvent dans le sport de haut niveau. Un signe du destin comme il faut pourtant savoir les saisir.

J'avais déjà fait mes valises pour partir en vacances lorsque je reçus un coup de fil annonçant ma sélection pour la Coupe du monde universitaire. À une semaine du départ pour l'Italie, Franz Jolmes, le deuxième ligne du PUC qui avait fait toute la saison en U avec Olivier Brouzet, son futur beau-frère, et Yann Le Meur, du Racing, venait de se casser le poignet en jouant au foot ! Dans l'urgence, les sélectionneurs avaient vu mon nom – Pelous, 18 ans, Graulhet – sur la liste des juniors.

Je débarquais totalement à la rue physiquement, dans cette sélection emmenée par Serge Simon, « Docteur pique ». Il n'y avait là que des joueurs plus âgés, que j'avais, pour certains, uniquement affrontés en Championnat. Mais je ne souffrais d'aucun complexe. J'ai toujours aimé être avec des « plus âgés » que moi. On dit même que j'ai été vieux très jeune…

En deuxième ligne, la référence de ma génération, c'était « La Brouze ». Seulement, le grand Grenoblois sortait d'une grosse saison (la suivante, encore meilleure, l'amènerait à vivre une finale controversée perdue au Parc des Princes avec le FCG de Jacques Fouroux face à Castres). Olivier était cuit. Durant la Coupe du monde, ses performances s'en ressentirent. À l'inverse, comme on le verra, je ne risquais pas d'être éprouvé par mon année universitaire et j'étais en congés rugbystiques depuis un moment... J'ai profité des premiers jours pour parfaire ma préparation et monter en puissance. Sans penser une seconde au scénario qui allait se produire : titulaire pour la finale face aux All Blacks ! Et, au bout de l'aventure, une victoire inespérée. J'étais champion du monde junior et universitaire la même année !

Comme si ces deux années 1992-93 devaient être charnières dans mon parcours, l'histoire bégaya rapidement. À l'automne suivant, les Springboks étaient en France pour une tournée qui, entre deux tests, les envoyait affronter quelques provinces comme cela se faisait encore. Jean-Philippe Revailler forfait, je fus à nouveau « appelé de la dernière heure » au sein de la sélection Midi-Pyrénées. Parmi mes coéquipiers, Christian Califano, Ugo Mola, notamment, dans une équipe solide qui fit chuter les Boks de Naas Botha. L'un des entraîneurs de cette sélection s'appelait Jean-Claude Skrela. Il y a des hasards qui n'en sont pas…

J'avais 19 ans et, sans m'en rendre compte, les choses étaient en train de s'accélérer pour moi. Je n'ai jamais revu Franz Jolmes. Dommage car, finalement, je lui dois une partie de ma carrière.

9

Les lumières du stade

Le sacre mondial universitaire avait quelque chose d'un peu usurpé pour quelqu'un qui avait si peu étudié jusque-là. Officiellement, c'est vrai, je l'étais. À Jolimont, j'avais décroché un bac F1, filière dessin industriel, ratant de peu une mention et m'étais lancé dans un DUT génie mécanique à l'université Paul-Sabatier de Toulouse. Mais je n'avais pas dû me lancer correctement, car en fait, je ne suis jamais vraiment parti. Passer de la vie d'interne à la vie étudiante avait représenté un changement trop brutal pour le jeune homme pas tout à fait fini que j'étais. Un peu trop de liberté, un peu trop lâché dans la nature…

Faut dire, je logeais alors au Creps, nourri, blanchi. Grâce aux 4 000 francs que je recevais du club de Graulhet chaque mois, je n'avais pas les soucis d'argent qu'un étudiant de 18 ans rencontre traditionnellement. Je pouvais me payer un cinéma, un restaurant et même un plein d'essence : depuis peu, le club m'avait fourni une voiture, une Renault 19 blanche surnommée « Renault 19 SCG » par Rémy Trémoulet. Le mercredi et le vendredi, jours d'entraînement, je retrouvais Rémy et les autres « Graulhétois » sur le parking du magasin *Delzongle* en banlieue toulousaine et on filait vers le Tarn. Le reste du temps, je vaquais à mes innombrables occupations : rugby, rugby et encore un peu de rugby, entrecoupé de quelques siestes et de jeux de cartes avec d'autres forçats de la vie estudiantine. Sans le savoir, je tâtais du professionnalisme… Mais en fait, sorti du sport, je m'ennuyais.

Heureusement, j'avais un compagnon de chambre pas comme les autres, futur grand compagnon de route : Raphaël Ibañez. Rafa avait du mérite. Lui s'accrochait à ses études de prof de gym. Moi, j'allais résister quatre, cinq mois à peine. Il partait en cours, j'étais au lit. Quand il revenait, j'y étais parfois encore... quand je n'avais pas attaqué une partie de cartes. Récemment, il m'a raconté se souvenir d'un cahier posé sur une table et resté toute l'année ouvert à la même page...

Nous avions le statut « haut niveau » et à dire vrai, nous étions assez fiers d'être considérés de la sorte... Nous n'avions en fait que les bons côtés du statut, à commencer par la séance de récupération du lundi matin dont l'enjeu était de découvrir qui allait rester le plus longtemps dans le jacuzzi... De notre génération, nous étions quand même de ceux qui nous entraînions le plus. Les lundis et mardis soir, Rafa et moi allions travailler les sauts et les lancers sur les stades mal éclairés du Creps. Nous avions inventé une tactique, la « Saverdun-Dax », que nous reproduirions plus tard en équipe de France. Cette annonce consistait, grosso modo, à faire briller le talonneur dans le couloir des cinq mètres. C'est Rafa qui avait dû l'inventer celle-là... Nous aimions cela. Nous n'allions pas courir dans le noir pour progresser, mais parce que cela nous plaisait. Cela nous a donné envie d'évoluer, je crois.

Cette année-là m'a plus rapproché du rugby, voire de la belote, que du génie mécanique. Jusqu'à ce que je sois rattrapé par la patrouille. En l'occurrence par ma mère, arrivée à l'improviste. Elle croyait venir saluer son fils en train de travailler dur dans sa chambre d'étudiant, elle tomba sur une partie de cartes dans un endroit transformé en arrière-salle de bar.

J'ai tardé à avouer la situation à mes parents. Plus les mois passaient, plus, au fond, j'avais honte. Quand j'ai tout lâché, ils se sont sentis trompés. Ils étaient tristes de me voir abandonner au premier coup dur. D'autant que mon frère était boursier et que la bourse dont il bénéficiait était liée à mes propres études.

Même dans la pudeur de leurs reproches, j'encaissais difficilement ce premier échec à leurs yeux. J'étais déjà majeur, quasi autonome dans mon quotidien, je mesurais déjà deux mètres. Et, pourtant, face à leurs regards déçus, j'ai pleuré comme un gosse.

10
Les bidasses en folie

Les études provisoirement mises entre parenthèses, la fin de ma période graulhétoise fut marquée par mon passage au BJ. BJ comme Bataillon de Joinville ou, en l'occurrence, comme bidasse joyeux. On s'y entraînait dur – deux fois par jour – mais ce n'était pas le bagne. C'était un peu Marcoussis avant l'heure, en plus spartiate. En plus festif, surtout. Dans ma promotion figuraient quelques bons camarades tels Gérald Orsoni ou le pilier graulhétois Philippe Pagès, célèbre pour sa 2 CV qui avait toujours le chauffage à fond parce qu'il y pleuvait par le toit.

Si on ne peut pas dire que j'avais été étudiant, on ne peut pas affirmer non plus que j'ai été vraiment militaire. Nous fîmes un jour et demi de ce que l'on appelait les classes. Et encore, il s'agissait d'une sortie en forêt de Rambouillet. Un « stage commando » pour lequel nous avions décidé que chacun apporterait une spécialité de sa région. Évidemment, personne n'avait imaginé que par spécialité, on entendait – aussi – nourriture : pastis d'Aix, vin de Fronton, Patcharan du Pays basque, il n'y avait que des bouteilles ! Il fit froid cette nuit-là, les duvets étaient fins. Mais on a bien dormi…

C'est souvent le problème avec les rugbymen : prenez-en une trentaine, placez-les au même endroit et vous êtes certain qu'il va se passer quelque chose d'exceptionnel. L'année au BJ fut ainsi clôturée de la plus belle des manières : une tournée. Les tournées font partie de la culture des joueurs de rugby. À tel point que quand il n'y en a pas de prévues par les dirigeants, les joueurs l'organisent eux-mêmes. Pour nous payer le voyage, nous avions vendu une centaine de maillots Eden Park. Étant piètre commerçant, je dus quasiment acheter ma part. Et porter lesdits maillots pendant longtemps. Cela faisait partie de l'investissement pour le groupe…

Nous nous envolâmes ainsi pour l'Argentine, le Brésil et le Paraguay, pour un périple touristico-rugbystique. Touristique, surtout. En tournée, on vit souvent une existence parallèle, coupée des règles qui régissent le quotidien de citoyens normaux. Tout raconter ne sert donc à rien. Et parfois, il vaut mieux.

11

Chez nous, à Dax

J'étais au BJ quand Dax me contacta. Au bout du fil, Claude Dourthe, père de Richard. Je connaissais bien Claude, alors manager de l'équipe de France juniors. Au cours de la discussion, il me demanda : « Qu'est-ce que tu veux faire ? Une profession libérale, cela te dirait ? » Vu mes états de services universitaires, oui, cela me disait. Je serai donc kinésithérapeute...

Ce qui me décida à rejoindre les Landes n'eut toutefois rien à voir avec cette nouvelle vocation mais plutôt, encore, avec les liens tissés çà et là. Signer à Dax, c'était évoluer avec ceux qui étaient devenus mes amis au gré de mes pérégrinations : Olivier « Charly » Magne et Raphaël « Rafa » Ibañez.

J'arrivai donc à l'USD durant l'été 1994 auréolé de ma réputation, de mes sélections... et de ma licence rouge, vestige d'une époque où le joueur doté de quelques sélections était vu comme un mercenaire à partir du moment où il changeait de club.

Cette licence rouge présagea une année noire. Au début, l'affaire s'engagea bien. Mon statut m'empêchait d'être aligné en équipe première en Championnat mais, pour l'heure, je me contentais assez bien du Challenge Yves-du-Manoir. Cette sorte de Coupe de France sur invitation me permettait de côtoyer les stars dacquoises qu'étaient Olivier Roumat, Laurent Rodriguez et Thierry Lacroix. Je logeais dans un appartement de la résidence Aspremont que je partageais avec Pascal Giordani, futur international lui aussi, et Olivier Magne. Je devrais plutôt dire : je dormais dans une chambre chez Charly. Lui vivait là en permanence et déjà quasiment en couple avec Marion

Dourthe tandis qu'étant en préparation à l'école kiné de Toulouse, je ne rejoignais Dax que le vendredi soir.

J'y ai passé du bon temps. Je n'avais de la cité thermale et de cette belle région que les avantages : les vacances et les week-ends. Le vendredi soir, on allait régulièrement boire une bière au Brochland avec Ludovic Loustau et Jean-Marc Chevrier, coéquipiers en Nationale B. Petit à petit, j'apprenais à connaître ce club historique du rugby français où les anciens internationaux avaient autant, sinon plus, d'importance que les internationaux du moment. J'ai d'ailleurs toujours voué beaucoup de respect à des hommes tels que Jean-Louis Bérot. Peut-être parce qu'il ne fut pas seulement dacquois, il fut aussi toulousain…

La tuile survint courant décembre. Je jouais avec la Nationale B à Bayonne. Je courais ballon en mains quand un adversaire, arrivé par l'arrière sur mon flanc, me plaqua. Ce ne fut pas violent. Même pas spectaculaire. Mais dès que je touchai le sol, je me mis à hurler. La douleur était atroce. Jean-Marc Chevrier se jeta sur moi, posa sa main sur mes yeux et se mit à crier : « Oh ! Putain ! Ne regarde pas ! Ne regarde pas ! » La tête du fémur était sortie de son axe. Ma jambe était complètement tordue, la hanche luxée. Il ne fallut qu'un quart d'heure aux pompiers pour me transporter à l'hôpital situé tout près du stade Saint-Léon. Mais jamais quart d'heure ne me parut aussi long.

Les semaines de calvaire commencèrent. Après un rapatriement à la clinique de L'Union à Toulouse, on m'installa un lit médical chez mes parents à Gibel. Quinze jours sans bouger. Un mois sans poser le pied par terre. Je regardais la télévision, je lisais, j'essayais de refaire le retard que j'avais pris dans mes cours de kiné. J'avais beau essayer de m'occuper, je ne cessais de m'interroger : allais-je pouvoir rejouer au rugby ? Rien n'était moins sûr. Les problèmes de vascularisation rendaient le diagnostic du chirurgien incertain. Celui-ci demeurait réservé : le risque de nécrose était élevé.

Une carrière se joue parfois à pile ou face. La destinée, l'impalpable du sport de haut niveau… Pour moi, la pièce est juste tombée du bon côté. Quatre mois après, je foulais à nouveau un terrain de rugby. Juste à temps pour vivre un quart de finale de Nationale B et surtout être convoqué avec l'équipe de France des moins de 21 ans. Je me souviens de cette phrase lâchée peu après à mon propos dans la presse par l'entraîneur de la sélection, Olivier Saisset : « Oh ! Lui, il est au-dessus du lot. On le reverra bientôt dans la grande équipe de France. » Ce bon Olivier ne croyait pas si bien dire...

J'avais eu une enfance heureuse, une adolescence insouciante. J'avais brûlé mes vingt ans. J'avais mes racines, mes valeurs et mon sport bien ancrés en moi. Une bonne étoile planant là, juste au-dessus... L'été 1995 approchait et avec, le grand chambardement que le rugby allait bien connaître. Son monde, comme le mien, était en train de changer. J'étais prêt.

12
Carton rouge pour une belle bleue

L'équipe de France est venue à moi avant même que j'aie imaginé en être.

Certes, j'étais dans les tuyaux. J'avais connu toutes les sélections, j'avais été de ce match face aux Springboks avec la sélection Midi-Pyrénées en 1993 et j'avais figuré dans une liste de cinquante noms dévoilée un an avant la Coupe du monde 1995. Mais de là à devenir international…

Alors que j'évoluais avec les moins de 21 ans, Robert Antonin, avait eu cette phrase à l'attention de ceux qui, comme moi, entraient dans « l'âge adulte » : « Faites attention : pour la plupart d'entre vous, c'est peut-être la dernière sélection. Pour d'autres, cela peut aller très vite. »

Cela vint très vite, en effet. En septembre 1995, ma place de titulaire à Dax était encore toute fraîche et relativement fragile quand Jean-Claude Skrela, le successeur de Pierre Berbizier à la tête des Bleus, me convoqua à Toulouse dans le groupe tricolore appelé à préparer et à disputer la première Coupe Latine en Argentine. J'étais super content… Sans toutefois réaliser une seule seconde ce que cela représentait.

Je me croyais peut-être prêt, mais j'avais 21 ans et encore quelques mauvaises habitudes dans mon escarcelle de joueur de rugby. Peu avant de partir en Amérique du Sud, je jouai à Pau avec Dax. Le match fut rapidement empreint de vertus *old school* et l'arbitre gallois de la rencontre, un certain M. Lewis, ne devait pas être au fait de nos vieilles et rustres coutumes car, dès la première minute, il m'infligea un carton jaune pour participation (active) à une échauffourée. Les Britanniques étant des gens cultivés, il avait dû apprendre que j'avais été par le passé le premier de l'histoire du Championnat à recevoir une telle sanction. Mais allait-il jusqu'à penser que j'aimais cela ? Je l'ignore. Toujours est-il qu'un quart d'heure plus tard, à la suite d'une malencontreuse cravate, j'en prenais un autre ! Carton rouge ! Et me voilà quittant la pelouse du Hameau à la dix-septième minute pour la seule expulsion de ma carrière…

Tête basse, j'étais dépité. Mais je ne me rendis pas tout de suite compte des conséquences. C'est d'un coup, dans la nuit, que je réalisai : « Merde ! L'équipe de France ! » Dans un deuxième temps, je me sentis comme soulagé : suspendu, je ne manquerai pas mes cours de kiné !

Le lendemain, Jean-Claude Skrela m'appela à la première heure et remit les pendules à l'heure : « Tu déconnes. En plus, le président Lapasset ne veut pas minimiser l'affaire. » Verdict : un match de suspension. Les dirigeants avaient été plutôt cléments et, à ce que j'ai appris plus tard, Bernard Lapasset fut tout sauf étranger à mon sauvetage…

Tant pis pour les cours de kiné : j'étais bel et bien dans l'avion pour l'Argentine. Volant vers Buenos Aires, une équipe mais deux générations. La mienne, assez importante en nombre, avec Richard Dourthe, Philippe Carbonneau ou Thomas Castaignède ; et celle des vétérans de la Coupe du monde, moins Olivier Roumat, Laurent Cabannes et Thierry Lacroix, dont on évoquait alors beaucoup la suspension d'un mois pour être restés finir la Currie Cup en Afrique du Sud. Et moi qui n'avais pris qu'un match pour un carton rouge…

L'ambiance était bonne. La tension avec les anciens, qui atteindrait bientôt des sommets, était encore acceptable. Pour l'heure, les « vieux » avaient peut-être laissé pas mal d'illusions dans la demi-finale de Durban mais ils ne comptaient pas y avoir laissé aussi leurs places en équipe de France.

Je purgeai mon match de suspension face à l'Italie. C'est en suivant la rencontre, à l'hôtel de Yerba Buena, la ville où est implanté le Tucumàn Rugby Club, que j'appris ma première sélection en deuxième ligne face à la Roumanie. Dans la presse, André Herrero, le manager, eut ce mot gentil : « Pelous a une adresse à la Spanghero... » Peut-être évoquait-il la cravate de Pau...

À mes côtés, les Arlettaz, Dourthe, Castaignède, Carbonneau, Juillet ou Azam allaient aussi vivre leurs débuts. Des débuts particuliers. Au stade du Tucumàn RC, temple des guerriers, les tribunes étaient aux trois-quarts vides. Dans cette enceinte sonnant le creux, ma première Marseillaise s'échappa dans le vide. Pas le rêve absolu pour une première... Mais le test fut concluant, avec une victoire et même un essai à la clé en début de deuxième mi-temps. Essai dont je dois être le seul à me souvenir puisqu'il passa totalement inaperçu dans le compte-rendu de *L'Équipe*. Le journal m'attribua toutefois une bonne note : 7/10. À la fin du match, je lâchai à Jean-Michel Gonzalez, notre talonneur : « Même si je ne rejoue plus, au moins c'est fait ! » Ce à quoi il répondit : « Attends, cela revient plus vite qu'on ne le croit ! »

Pourtant, c'est vrai, j'étais heureux, prêt à m'en contenter si cela devait s'arrêter là. En guise de souvenir de cette première, j'échangeai mon maillot avec le pilier gauche roumain, le numéro 1. Comme si, inconsciemment, je savais que j'aurais d'autres maillots bleus à garder...

Je fus titularisé le match suivant face aux Pumas pour un nouveau succès. Ce n'est que vingt-cinq matches plus tard, que j'ai pour la première fois été remplaçant. Nous profitâmes des plaisirs de l'Argentine. J'aurais voulu aller voir un match de foot entre l'Argentine et le Chili au stade de River Plate à Buenos Aires mais un repas officiel m'en priva. Certains rencontrèrent même leur femme durant cette tournée. Moi, je découvris l'amour d'un maillot, le maillot bleu.

13

Les anciens montent au créneau

Durant l'été, le rugby était devenu professionnel. Pardon, « open »... Dès le premier regroupement pour la Coupe Latine, les débats avaient été marqués par les négociations entre l'encadrement, la fédération et les joueurs, lesquels obtinrent une revalorisation de leur rémunération : 150 000 francs (22 000 €) pour un international qui disputerait tous les matches des Bleus, à quoi venaient s'ajouter des primes de résultats et pour des opérations de promotion.

J'étais à cent mille lieues de ces discussions et encore plus loin d'imaginer que celles-ci allaient bientôt s'envenimer. J'avais vingt-deux ans. Les joueurs de ma génération n'avaient pas conscience de ce qui était en train de changer dans le monde du rugby. Nous étions insouciants. Au retour de l'Argentine, le quotidien avait repris son cours, ou plutôt, en ce qui me concerne, les cours... que des camarades de l'école de kiné avaient pris pour moi. Entre deux allers-retours à Dax, je tentais de refaire mon retard. Mais les All Blacks étaient annoncés en novembre...

Roumat toujours « banni », j'eus un bon pressentiment lorsque, les Néo-Zélandais arrivés en France, je ne fus pas convoqué avec la sélection Côte Basque-Landes pour les affronter à Bayonne. Quelques jours plus tard, j'appris effectivement que je serais du groupe pour le premier test à Toulouse.

Le quinze de France réuni, on sentit très vite que les événements prenaient une sale tournure. Les anciens étaient à bout de nerfs. Juste après la Coupe du monde, certains avaient refusé de céder aux sirènes du projet Packer visant à recruter des stars du rugby mondial pour créer une ligue mondiale hors des institutions existantes. Ils se sentaient trahis par des promesses non tenues. Ils étaient décidés à ne pas lâcher.

C'est une affaire de billets attribués à chaque joueur qui mit le feu aux poudres : trois au lieu des vingt-cinq garantis. Deux jours avant le test, Philippe Saint-André, alias « Le Goret », nous regroupa tous. Il proposa de boycotter la cérémonie officielle organisée le soir même à la mairie de Toulouse. Il fit voter tout le monde sauf nous, les jeunes, qu'il ne voulait pas exposer à la vindicte fédérale. Résultat : « pour » à la quasi unanimité. Seuls quelques joueurs toulousains seraient autorisés à se rendre à la petite sauterie. « Pour les autres, ce soir, c'est vidéo ! », ordonna Le Goret.

Dans l'encadrement, ce fut le branle-bas de combat. André Herrero, le manager, démissionna sur-le-champ. Pour expliquer sa décision, il déclara : « Je ne peux continuer à gérer un groupe de joueurs égoïstes non représentatifs de l'état d'esprit du rugby français. Je n'ai pas voulu accepter le procédé utilisé par les joueurs, le chantage. » Jo Maso fut appelé en renfort pour assurer… l'intérim. Les intérimaires peuvent rêver : quatorze ans après, Jo est toujours là !

J'étais totalement déboussolé par ce climat délétère. Je faisais chambre commune avec Laurent Bénézech, l'un des acteurs de la rébellion, qui le paierait plus tard. Laurent dit à mon propos dans la presse : « J'ai senti qu'il était mal. On a discuté. » J'échangeai beaucoup avec Marc Lièvremont, surtout. On trouvait que les anciens parlaient quand même beaucoup trop d'argent et de leurs droits à l'image. On avait l'impression qu'ils sentaient que quelque chose allait leur échapper et qu'ils s'accrochaient aux branches. En fait, ils avaient parfaitement conscience de l'ampleur du changement. Que le rugby était en train de vivre le grand virage. Mais nous, on s'en foutait : on allait juste jouer les All Blacks, et moi affronter Ian Jones, le meilleur sauteur du monde, au Stadium de Toulouse, chez moi, devant ma famille ! Le décalage était immense… On ne comprendra que plus tard que le combat mené par les anciens était juste.

Le matin du match, Philippe Saint-André nous regarda droit dans les yeux et annonça : « On s'est mis dans la merde tous ensemble, on va s'en sortir tous ensemble. »

14

Broyer du noir...

« Assieds-toi et donne ! » C'est cette phrase tant de fois entendue et ce geste tant de fois répété à l'école de rugby de mon enfance. À la recherche du geste juste.

Pour l'heure, les All Blacks étaient face à nous sur la pelouse du Stadium de Toulouse et, comme à chaque fois que ne les battrons, ce que nous recherchions d'abord, c'était à sauver notre peau !

Les Blacks incarnent l'histoire du rugby. Ils sont à notre sport ce que le Brésil est au football. Ce sont les meilleurs depuis toujours, même s'ils ne gagnent pas tout le temps... Ils ont une manière unique de jouer, comme naturelle.

Ils ne sont pas que beaux à voir, ils peuvent être durs aussi. Je m'en rendis compte très vite, ce jour-là. Sean Fitzpatrick, talonneur et capitaine légendaire, arriva lancé sur un regroupement : il me désossa. Bienvenue dans le grand monde, minot !

Mais nous étions dans le match. J'étais dans le match. Je m'efforçais d'être solide sur le jeu au sol et présent sur les quelques relais ou soutiens que j'avais à assumer. Jusqu'à cette passe à Philippe Carbonneau qui ménagea l'essai décisif de Philippe Saint-André. Je découvris alors la sensation unique et furtive du plaisir au moment où l'arbitre siffle le coup de sifflet final, plaisir d'autant plus vif que l'exploit est grand. Un sentiment de domination de l'adversaire, l'impression d'être un peu supérieur... Par chance, je retrouverai cette sensation quelques fois dans ma carrière.

Le surlendemain du match, j'étais pour la première fois à la une de *L'Équipe*, titrée « Du pur bonheur », au deuxième plan derrière notre capitaine jubilant. « La guillotine est démontée », « Le pouvoir est dans le pré », pouvait-on lire.

Les paroles du Goret le matin du match avaient été prémonitoires : on s'en était sortis tous ensemble.

On avait battu les Blacks, chez moi, devant mes parents qui m'avaient vu pour la première fois évoluer avec le quinze de France. J'avais réalisé un rêve. Ma plus grande fierté, au-delà de cette victoire, ce fut cette passe sur l'essai de Saint-André. « Assieds-toi et donne ! » Ce geste anodin, mais efficace, parce que juste. C'est un miracle d'ailleurs : qu'est-ce que je me trouve moche sur la photo !

15
Gueule de bois

Je me souviens très peu du deuxième test face aux All Blacks, cette année-là, sinon que c'était mon premier match au Parc des Princes. Je regrette ce stade. C'était celui des exploits que j'avais suivis, enfant, à la télé. Un truc de provincial montant à Paris. J'avais été marqué par les briquettes rouges habillant les murs menant aux vestiaires et à l'intimité des combattants. Une sorte de monde interdit dans lequel je pénétrais à mon tour.

En revanche, je ne pénétrais jamais dans la rencontre. À chaque fois que j'y repense, je revois la classe de l'ailier Ian Rush. Je ne sais pas pourquoi, mais lorsqu'un avant ne retient d'un match que le talent de l'ailier adverse, ce n'est pas bon signe... J'avais été catastrophique. En touche, Ian Jones m'avait donné une leçon. J'eus l'une des plus mauvaises notes le lendemain dans *L'Équipe*. Le journal se posa la question : « Avait-il digéré le premier test ? »

Le test, peut-être ; mais la fête qui s'en était suivie, sans doute pas. Le mardi, après la victoire au Stadium, nous étions encore au *Pied de cochon* à L'Isle-Jourdain, à trente kilomètres de Toulouse, finissant nos dernières chansons et nos derniers verres. Arrivés au château de La Voisine – que je découvrais aussi – on parla bien moins du match à venir que d'Abdel Benazzi qui avait eu un accident de voiture en rentrant à Agen. Le pire, c'est qu'Abdel ne boit pas. Alors, les autres...

16
Pour la beauté du geste

Dans ces All Blacks de passage en 1995 figurait un joueur hors du commun : Zinzan Brooke. Je l'ai beaucoup aimé, plus pour sa polyvalence que pour sa puissance. C'était un joueur à tout faire. Il savait mettre des tampons, mais il était aussi capable de passer des drops de cinquante mètres, comme pendant la Coupe du monde quelques mois plus tôt, ou de faire une passe juste, des deux côtés, dans le bon timing. Dans les Blacks d'aujourd'hui, je reconnais le talent d'un Richie McCaw, sans lequel les Néo-Zélandais ne sont plus la même équipe. Mais plutôt que de le voir gratter un ballon dans un regroupement, je préfère voir un beau cadrage-débordement de ses ailiers.

Après tout, où est l'esthétique dans le rugby ? L'exutoire, le magnifique, c'est de voir un Vincent Clerc traverser un terrain, pas de voir un pilier en mêlée, non ? L'un ne peut exister sans l'autre, mais il faut bien laisser un peu de place au rêve et le rêve se nourrit de l'inaccessible.

D'ailleurs, si j'avais pu choisir mon poste, j'aurais joué demi d'ouverture. Pas pour trouver des touches de cent vingt mètres avec mes grands compas, mais pour l'aspect tactique du poste. Je peux parler stratégie, mais un deuxième ligne, pour caricaturer, c'est un cheval de trait à qui l'on aurait mis des œillères : il a peu d'influence sur la direction à suivre. Il a beau savoir où labourer, comme il ne voit rien, ce n'est pas lui qui décide. Alors, il laboure… et il la ferme !

Le deuxième ligne a des travaux de base : pousser en mêlée, sauter ou soutenir en touche, nettoyer les rucks et défendre. Je me suis toujours fixé un objectif supplémentaire à chaque match, à partir duquel j'atteignais une espèce de seuil de rentabilité : une percée et un gros plaquage. Il ne faut pas manquer une occasion de dézinguer un mec. Le un-contre-un, le mètre que l'on gagne ou que l'on perd, c'est l'essence du rugby, la matière première du rugbyman. Celui-ci se livre, nu, face à son adversaire, célébrant alors le mariage de la brutalité et de la finesse du placement, mêlé d'engagement absolu.

Le rugby est un sport qui ne supporte pas le manque d'investissement. Surtout pour un deuxième ligne. Alors, ce fut mon obsession. Pour moi, comme pour les autres. Je n'ai jamais recherché les éloges pour les éloges. J'ai recherché l'efficacité sportive. Cela ne m'a jamais excité d'être bon seulement les jours de grande affluence. Ça, c'est facile. Ce sont ces jours-là où sortent du bois ceux qui ont besoin de reconnaissance. J'en ai connu quelques uns… Les autres jours, on devine ceux qui sont juste sur le terrain pour le bonheur d'être là. De bien faire son boulot, d'être exemplaire…

Il m'est arrivé de sortir des basses œuvres. J'ai même réussi un cadrage-débordement dans ma carrière ! C'était un jour d'entraînement à Graulhet. Je me retrouvais face à Bernard De Giusti, mon ami de Jolimont, plus tard finaliste de la Coupe d'Europe et du Championnat avec Colomiers, quand je « déclenchais » le « cad'deb » à une vitesse proche de celle d'un trente-six tonnes démarrant dans un col de montagne. Je ne sais par quel tour de magie Bernard De Giusti (pris de peur, sans doute) s'emmêla les pinceaux et tomba ! Tellement improbable de ma part qu'il me fallut attendre les dernières semaines de ma carrière de joueur de rugby pour revivre pareil exploit technique et pareille gloire à l'entraînement. La victime fut cette fois un pilier des Espoirs. Tout le monde s'arrêta et applaudit. Il faut savoir tenir les jeunes en respect.

17
Sortie de piste

C'était juste avant le Tournoi des Cinq Nations 1996. Nous venions de terminer un stage de préparation aux Embiez. Laurent Bénézech conduisait la voiture nous ramenant à Toulouse, Jean-Luc Sadourny, Abdel Benazzi et moi. Il devait être stressé car ce n'est qu'après avoir roulé deux heures sur l'autoroute en quatrième vitesse qu'il réalisa qu'il y en avait une cinquième.

Nous discutions de tout et de rien. Le flash info de la radio stoppa net la conversation. La sélection pour le Tournoi venait de tomber. Nous y étions tous. Sauf Laurent. Malaise, silence pesant. Il payait les pots cassés de la rébellion de l'automne. À son regard, on sentit qu'il avait compris : il ne rejouerait plus en équipe de France. La route s'arrêtait là pour lui. Le retour fut très long…

18

Haro sur l'Anglais !

Tout le monde a gardé en mémoire cette image du France-Angleterre 1996. Thomas Castaignède réussissant le drop de la victoire et courant tel un poulet sans tête vers son camp, Richard Dourthe accroché à ses basques… Cette action marqua ce succès attendu depuis des années dans le Tournoi. Mais pour tout dire, les avants prirent un peu ombrage de ce que notre performance, énorme ce jour-là, fut réduite à ce symbole.

Je me rattrapai après la rencontre au pot du président. Ce rendez-vous fait partie des rituels immuables entourant la vie du quinze de France. C'est le moment où, après les matches, le groupe se retrouve pour la première fois au calme, passés les devoirs protocolaires et médiatiques. Selon le résultat, la manière, l'ambiance y est rigolarde ou morose. Dans tous les cas, on y respecte des codes. Le président, qui reçoit dans sa chambre d'hôtel, parle le premier. Puis, il passe la parole au manager qui la transmet lui-même à l'entraîneur. Vient enfin le tour du capitaine et des nouveaux venus, voire ceux que l'on a envie de piéger… Pendant des années, on obligera ainsi les néo-internationaux à placer dans leur discours la phrase fétiche de Jo Maso : « Les amis de mes amis sont mes amis. »

Pour l'heure, nous venions de bouter enfin l'Anglais hors du Parc des Princes et nous étions fiers d'être venus à bout de ce quinze de la Rose qui sortait d'un Grand Chelem l'année précédente. Dans la chambre de Bernard Lapasset, la bonne humeur régnait. Comme je venais de disputer mon premier match dans le Tournoi, on me proposa de dire quelques mots. Ce que je fis. D'un ton amusé et très prétentieux, je lâchai : « Depuis que je suis le rugby, je n'ai vu jamais la France battre l'Angleterre dans le Tournoi. Pour ma première sélection dans cette compétition, je fais partie de l'équipe qui y parvient. Il y a peut-être une relation de cause à effet… »

Il ne devait pas y en avoir puisque l'élan fut immédiatement coupé en Écosse par une défaite cinglante. Les anciens commençaient à être un peu en dilettante. J'étais en chambre avec Lolo Cabannes à Édimbourg. Nous étions déjà dans les vestiaires de Murrayfield lorsqu'il se rendit compte qu'il avait oublié son maillot dans le bus… Je n'avais pas bien vécu sportivement ce déplacement, ni la fin du Tournoi, puisque je m'étais blessé à la dernière minute du match en Irlande. Les pots du président furent alors surtout l'occasion de boire la tasse, et moi avec…

19

Ce bon vieux Tournoi

Ce Tournoi 1996 m'avait laissé sportivement sur ma faim. En revanche, outre les pots du président, j'avais découvert les charmes de cette vieille institution, en Écosse, à Édimbourg, là où justement elle était née en 1871... Nous étions à la fin du XXe siècle, mais demeuraient des personnages semblant directement sortis du siècle précédent, tout droit extraits d'une photo du *Hall of Fame* d'Oxford ou de Cambridge. Ainsi le capitaine écossais, Rob Wainwright, symbolisait ce côté *Cercle des Poètes disparus*...

Le cérémonial conférait à ces matches un aspect hors du temps. Une sorte de bulle de tradition refusant encore la modernité. J'aimais les banquets, très « affaires étrangères ». C'était aussi le moment de la transmission de la culture rugbystique ou des us et coutumes des deux pays attablés. Ici, on remettait une « cape »(*) à un nouveau venu sur la scène internationale ; là, on honorait un ancien.

À Dublin, il y avait toujours le même prêtre pour dire les grâces avant que ne débute le dîner officiel. Quand on sait les conflits religieux qui ont empoisonné l'histoire irlandaise, sa présence n'avait rien d'anodin. Mais ce n'était pas n'importe quel prêtre. Avec son humour pince sans rire et ses jeux de mots pleins d'esprit, il parvenait à amuser non seulement les Irlandais et les Français, mais aussi – et surtout – les catholiques et les protestants...

Plus que le temps passé à la table des présidents quand je fus capitaine, je préférais celui partagé avec les joueurs, plus festif. Mémorable, même, parfois. En 1997, Richard Castel avait un peu forcé sur la boisson au moment de célébrer sa première sélection. Nous étions alors reçus à l'Alliance française. Richard commença par chanter, puis il cria, puis il se mit à pleurer. Jeune papa, il voulait voir son fils... À partir d'une certaine heure, les rugbymen sont des hommes sensibles !

Clin d'œil du destin, c'est aussi en Écosse, à Murrayfield, douze ans plus tard, que je verrai pour la première fois un match en tant qu'ancien du quinze de France, me muant alors en supporter chauvin ne supportant pas de voir son équipe favorite en difficulté. Je découvrirai alors une autre facette du Tournoi et un environnement que, comme joueur, on ne connaît finalement que très peu.

C'est un privilège d'avoir connu toutes les pièces du puzzle. Une manière de mieux se rendre compte que le Tournoi est un vieil acteur à la santé d'une jeune première, une fois sur scène. C'est une compétition magique, rien n'y est écrit à l'avance. Certaines équipes disparaissent pendant trois ou quatre ans, puis ressurgissent. Il n'y a que son charme, intact, qui se perpétue d'année en année. Qu'on le vive de l'extérieur ou de l'intérieur. Et c'est bien comme cela.

(*) Voir chapitre 22, *« Comme un Chelem sur la soupe »*

20

Accusé Richard Dourthe, levez-vous !

J'étais devenu international au moment de ma carrière où je m'entraînais le moins... À Dax, nous avions alors deux séances par semaine. Au bout de deux temps de jeu, les compteurs étaient dans le rouge et nous battions chaque dimanche le record du nombre de mêlées et de touches. L'USD comptait encore beaucoup d'étudiants comme moi. La fibre estudiantine se ressentait jusque sur le terrain. À l'image du duo de piliers Laperne-Gouaillard, il n'y avait pas que des personnages simples à gérer.

Jacques Ibañez s'y efforçait pourtant. Le père de Rafa était lui-même un ancien talonneur de l'USD. Je l'appréciais beaucoup humainement. Il n'avait pas la tâche facile car, outre les clowns de l'équipe, l'USD était en train de changer de génération. Les frères Lacroix, Rodriguez ou Roumat étaient des légendes du club. Roumat, à Dax, c'était « La Roume ». Son séjour prolongé en Afrique du Sud m'avait permis d'intégrer l'équipe de France et de me faire une place à Dax. Cela n'empêchait pas le respect que je lui vouais, aussi grand que celui dont il bénéficiait auprès des supporters dacquois.

Il fut assez osé, dans ces conditions, de me nommer capitaine, moi qui – en plus – vivais la semaine à Toulouse. Avec cette décision, Jacques Ibañez voulait affirmer la place grandissante de la nouvelle génération. Pour moi, qui avais été capitaine de toutes les équipes que j'avais connues jusque-là, la fonction était assez naturelle. Cela se passait plutôt bien. Malgré des matches moyens, l'équipe gagnait et, comme je ne parle pas à tort et à travers, ma parole n'en avait que plus de poids. Parfois, elle était même lourde...

Ainsi, un vendredi soir, Rafa et moi décidâmes d'évoquer un sujet d'urgence : Richard Dourthe. Fidèle à son tempérament, alors combiné à la fougue de ses jeunes années, Richard s'en prenait à tout le monde. Tout grand joueur qu'il était, il était insupportable. Pour Rafa, son beau-frère déjà, ce n'était pas simple. Mais là, la situation devenait intenable pour les autres et dans l'intérêt de l'équipe, il fallait marquer le coup.

Alors que nous avions attaqué l'entraînement, je demandai à tous les joueurs de rejoindre le vestiaire. Une fois chacun assis, je m'élançai : « Si je vous ai réunis, commençai-je en tournant mon regard vers l'accusé, c'est pour parler de toi, Richard. » Lequel se décomposa. Pendant trente-cinq minutes, je le pourris devant tout le monde, dans un monologue qui, même pour moi, devint pesant au fil des minutes. Je cherchai des yeux l'appui des autres... Mais le capitaine est parfois seul...

Je savais que je faisais de la peine à Richard, mais c'était pour le bien du groupe.

La scène eut son effet. Richard se calma. Trois matches. Au quatrième, il était reparti... Il faut savoir aussi rester humble quand on est capitaine.

21
Entrer dans le capital

C'est étrange, je me souviens peu de la venue des Springboks en 1996... Ils étaient pourtant champions du monde en titre. Peut-être étais-je trop obnubilé par le match d'après. Depuis ma première sélection, je n'étais pas sorti du groupe. On croit souvent qu'on devient international en recevant sa première cape. Mais honorer une première cape, c'est comme jouer une finale : la vivre ne suffit pas pour la gagner. Il faut une dizaine de sélections pour pouvoir être considéré sur la scène internationale. C'est à partir de ce moment-là qu'on vous autorise la contre-performance sans que vous risquiez qu'on vous oublie. On la met alors sur le compte d'un mauvais sommeil, d'un souci de circonstances... Les regards qu'on reçoit ne sont plus ceux, méfiants ou protecteurs, qu'on lance parfois au béjaune. Quand on a franchi le cap, on peut lire dans les yeux des autres : « Désormais, on sait ce que tu vaux. Si tu venais à te blesser ou avoir un coup de mou, tu auras une deuxième chance. »

Durant cet automne 1996, je vivais mes douzième et treizième titularisations d'affilée. Je pouvais supposer qu'on comptait sur moi. Mais seulement le supposer. Quand on se met à espérer une deuxième chance, il est parfois déjà trop tard...

22

Comme un Chelem sur la soupe

1997. Voilà dix ans que le quinze de France n'avait pas fait le Grand Chelem dans le Tournoi des Cinq Nations. Et à dire vrai, nous n'imaginions pas alors, pas plus que quiconque d'ailleurs, pouvoir réussir là où les équipes précédentes avaient échoué.

En haut lieu – on ne le réalisera que plus tard –, on pensait surtout à la meilleure manière de s'y prendre pour écarter les derniers anciens. À La Voisine, nous étions loin de la modernité de Marcoussis. L'unique terrain d'entraînement était souvent soit gelé, soit trop gras, ce qui nous obligeait à aller nous entraîner sur les terrains de foot de Clairefontaine. Par moments, c'était la colo. Dans le parc boisé du château Ricard, Christian « Cali » Califano et Marc « Rouge » de Rougemont chassaient les lapins à la voiture ! D'ailleurs, on m'a raconté que rééditant l'expérience quelques semaines plus tard, le matin de la finale Toulouse-Bourgoin, Cali finirait dans le lac, déclenchant le courroux de Guy Novès…

C'est dans ce contexte que nous nous envolâmes vers Dublin sans trop de certitudes mais portés par l'enthousiasme et la dynamique de quelques-uns, dont les Brivistes tout juste sacrés champions d'Europe. Parmi eux, Titou Lamaison, Alain Penaud ou David Venditti. C'est ce dernier qui sonna les premières charges avec un triplé. La victoire 32-15 à Lansdowne Road lança la machine. Dans la foulée, il fallut quand même se sortir les tripes pour se défaire des Gallois à Paris. Deux matches, deux victoires, certes… Mais il fallait encore se rendre à Twickenham affronter des Anglais archi-favoris et également invaincus. À l'époque, le quinze de la Rose évoluait dans une ère nouvelle, davantage tournée vers le jeu de mouvement. Nous étions condamnés à l'abattoir. D'ailleurs, « Cali les bons tuyaux » avait sympathisé avec un type de chez Breitling. Lequel promit à chacun une montre si on faisait le Grand Chelem. Il ne devait pas trop croire en nos chances...

Les premières minutes confirmèrent les prédictions. Les Anglais attaquaient de partout, prenant l'avantage au score puis réussissant un break. Nous étions au bord de la rupture. Alors que nous étions regroupés sous les poteaux après avoir concédé une énième pénalité, le talonneur Marc Dal Maso lâcha, à bout de souffle : « Là, s'ils accélèrent, on va exploser ! » Finalement, les Anglais explosèrent avant nous. En deuxième mi-temps, il n'y eut qu'une équipe sur le terrain. Un joueur marqua cette rencontre de son empreinte : Titou Lamaison. Il réussit tout ce qu'il entreprit, essai, transformation, pénalité, drop... Personne ne pouvait alors penser qu'il avait fait de Twickenham son jardin et qu'il venait de poser la première pierre d'un exploit dont il serait, ici même, l'un des grands artisans deux ans et demi plus tard, face à une fameuse équipe des All Blacks dans une non moins fameuse demi-finale de Coupe du monde.

En attendant, la victoire en Angleterre nous ouvrait les portes du Grand Chelem.

J'avais gardé en mémoire un grand match mais je l'ai revu bien après et, comparé à aujourd'hui, c'était le Moyen-Âge ! Parfois, mieux vaut protéger ses souvenirs. La nostalgie fait tellement bien son travail...

Pour la dernière sortie du Tournoi au Parc des Princes, nous recevions l'Écosse. Une vague de liesse s'empara du stade comme de l'équipe, et le quinze du Chardon fut balayé. Ce fut l'avènement de « Charly » Magne. À l'issue de la rencontre, je reçus ma cape d'international. Cette casquette d'inspiration britannique vieille comme le rugby, c'est la croix de guerre des internationaux.

Je venais d'honorer ma dix-septième sélection sur dix-huit possibles, ne manquant qu'un match pour blessure. Et pourtant, dix ans plus tôt, c'est à peine si j'avais déjà regardé un match de rugby à la télévision. Ce Grand Chelem 1997 était arrivé comme moi au rugby : comme un cheveu sur la soupe. Il faut prendre ce qu'il y a à prendre. Les joies sportives comme les montres Breitling. La preuve : Cali, bien que forfait pour l'Écosse, vint quand même récupérer sa montre...

23

Et Merluche provoqua un tremblement de terre

De ce Grand Chelem 1997 reste aussi cette accolade, lors de la remise du trophée au Parc des Princes, entre Abdel Benazzi et Olivier Merle. Outre Olivier Brouzet, complice de ma génération avec lequel je faisais chambre commune lors des rassemblements, Abdel et Olivier furent deux monstres du rugby français à mon poste de deuxième ligne. J'avais pour eux beaucoup d'admiration et de respect. J'aurai moins d'affinités plus tard avec d'autres, comme Jérôme Thion. J'aime bien Jérôme, mais simplement, nous n'avions pas partagé les mêmes choses.

Ovni du rugby qui effrayait toute la planète ovale, Abdel faisait très mal aux adversaires. Lorsqu'il portait l'association vitesse-masse à son maximum, la mer (de joueurs) se retirait devant lui. « Merluche » aussi pouvait commettre beaucoup de dégâts collatéraux. Sa puissance donnait l'impression qu'il jouait à côtés de juniors. Quand il l'avait décidé. Ou que quelque chose l'avait particulièrement énervé... Ce fut le cas lors du Grand Chelem 1997.

Nous étions dans les vestiaires du Parc des Princes à quelques minutes d'affronter les Gallois. Consciencieusement, Olivier ôta ses baskets d'échauffement et enfila ses crampons. Au premier pied, son visage vira du blanc au rouge. On avait mis des bananes dans ses chaussures ! Christian Califano, voulant se venger d'une blague de « l'homme et demi », les avait glissées dans la semaine, puis les avait oubliées là ! Merluche se leva, furieux et hurla : « Quel est l'enfoiré qui a fait ça ? » Évidemment son regard et les nôtres se tournèrent instantanément vers Cali qui, déjà prêt, voulut tout de go sortir du vestiaire. Arrêté par un dirigeant prétendant que l'arbitre n'avait pas encore appelé les deux équipes, Cali rétorqua : « Je m'en fous, c'est une question de vie ou de mort ! »

Nous entrâmes donc un peu prématurément dans le couloir menant à la pelouse. En arrivant sur le terrain, Merluche bouscula et fit rouler un photographe sur deux mètres. Il eut un début de match tonitruant, assommant au passage un joueur gallois, victime d'un tremblement de terre.

Je ne sais pas si Cali a avoué depuis. Sinon, si Merluche lit ces quelques lignes, je viens peut-être de l'envoyer dans la rade !

24
Capitaine de pelous(e)

Quelques heures après le Grand Chelem se profilait un match face à l'Italie à Grenoble. Certains avaient dû flairer le coup, car ils furent quelques-uns d'expérience à manquer à l'appel, dont notre capitaine Philippe Saint-André.

Je fus nommé pour assurer l'intérim. Comme à Dax, j'étais surpris et fier mais pas plus bouleversé que ça. Je pris le cadeau sans penser qu'il était empoisonné : le quinze de France subit alors la première défaite de son histoire face à l'Italie. Certes, les Italiens étaient à l'époque ce que seront les Pumas dans les années 2000. Mais, enfin, on pouvait se demander si les Bleus ne s'étaient pas trouvés un chat noir : moi !

Je ne fus pas plus marqué que ça par cet échec et, heureusement, car j'eus ensuite quarante et une autres fois à mener le quinze de France. Avec des bonheurs divers. Le grand capitaine, c'est celui qui gagne. Mais on ne devient pas « grand » sans avoir été « bon ». Le bon capitaine, c'est celui qui parvient à ce que les hommes vivent bien entre eux. Il est important dans l'aventure humaine, moins dans le projet de jeu. Chaque fois que, après 2000, Bernard Laporte me demandera si je voulais prendre part aux décisions importantes, je refuserai systématiquement. Chacun sa place. La mienne, c'était de tenir mon rôle de joueur, pas d'être entraîneur. Il faut assumer son statut...

Fabien Galthié aura été le capitaine le plus impliqué par le staff. En 2007, Rafa Ibañez aurait sans doute aimé l'être plus, et se sentir moins isolé par Bernard, plutôt que d'être interrogé sur des questions annexes comme de savoir où on devait mettre le baby-foot...

Rafa et Fabien étaient plus dans l'affectif, plus faits pour stimuler l'aventure humaine que moi. Fabien, en particulier, savait faire appel à l'histoire du rugby, au passé, à l'imaginaire. Moi, je m'attachais plus à l'aspect technique. Je ne suis pas un grand sentimental. Je ne suis pas lyrique, je ne suis pas un rêveur. Je suis terre à terre. On me l'a parfois reproché, notamment au Stade Toulousain.

Mais j'ai le sens du devoir, des grandes idées. J'ai toujours essayé de rester droit et de véhiculer cet état d'esprit nécessaire à une équipe de rugby. Je ne suis jamais entré sur un terrain sans me dire qu'il fallait que je sois avant tout meilleur que mon vis-à-vis. Et je suis rarement sorti d'un match en me disant : « Tu aurais pu en faire plus. » Mieux, oui ; mais plus, non.

Fondamentalement, j'ai toujours été habité par une forme de sérénité. Je savais que cela se passerait bien sur le terrain. Je ne sautais pas bien haut, je ne courais pas bien vite, mais j'étais à fond et je voulais être plus fort que l'adversaire.

Alors, en tant que capitaine, j'ai toujours fait simple. D'un côté, dédramatiser les matches à pression ; de l'autre, responsabiliser les joueurs quant à leurs devoirs de base, en particulier sur les matches supposés plus faciles. Le but : avoir un niveau d'engagement maximum à chaque fois.

Ne pas être ou ne plus être capitaine, comme en 2001 ou en 2007, aura été parfois un soulagement. Au final, j'ai fait de mon mieux. En tant que capitaine de pelouse. Logique… Mais au fond, alors que j'aurai été l'un des joueurs à avoir été le plus souvent capitaine des Bleus, étais-je fait pour ça ? Peut-être pas. Lors des rassemblements du quinze de France, le capitaine est seul en chambre. Et moi, je n'ai jamais aimé ça.

25

Pa(lois) de la jungle

Grâce à l'équipe de France, j'ai connu beaucoup de pays. Je n'en ai gardé que le souvenir d'aventures humaines. Peu de souvenirs touristiques. Dans ma famille, nous ne sommes pas voyageurs. Certains n'ont pas le temps, d'autres pas les moyens. Cela a du bon : au final, on ne prend pas le risque d'entreprendre des voyages dont on ne saura qu'a posteriori qu'ils n'en valaient pas la peine.

De la tournée en Australie en juin 1997, il n'y a rien à garder. Pourtant, je découvrais le « pays-continent ». Nous y avons passé quinze jours et je suis revenu sans avoir vu un seul kangourou... En revanche, j'ai vu quelques joueurs qui n'avaient rien à faire là. Nous nous entraînions beaucoup et nous avions du mal à récupérer du décalage horaire.

Deux équipes furent formées : celle des matches de semaine et celle des tests. D'emblée, l'ambiance était délétère. Les deux formations firent rapidement deux clans. On avait l'impression qu'il fallait impérativement choisir son camp.

De l'équipe « 2 », seul Rafa Ibañez jouait le jeu du collectif. À l'inverse, les Palois (et quelques autres) qui avaient fait une grosse saison et qui composaient pour partie ce groupe, partirent en vrille. Ils ne respectaient rien, s'en prenant notamment à Max Godemet, entraîneur adjoint, dont il avait fait le personnage principal d'une chanson moqueuse. L'ambiance pourrissait chaque jour, au même rythme que le malaise général grandissait. Nous logions dans un hôtel de Bondi Beach, la plage mythique des surfeurs à Sydney. Le décor était fabuleux mais nous n'avions qu'une envie : partir.

Une tournée ne peut réussir que si tous les participants en ont envie. Ce n'était pas le cas, la mayonnaise n'a jamais pris. Ce voyage n'aura marqué que les responsables de l'hôtel : une chambre a été saccagée juste avant le départ. Une fin à la hauteur du voyage. Et de quelques-uns des voyageurs.

26

Retour à la maison

Guy Novès s'approcha et me lança : « Il faudrait qu'on se revoie, j'aimerais que tu viennes à Toulouse l'an prochain. » Nous étions fin 1996 et nous venions juste de perdre un quart de finale de Heineken Cup face au Stade Toulousain, qui nous avait déjà éliminés en demi-finale du Championnat la saison précédente.

Sur le moment, je ne réagis pas trop. Même déjà triple champion de France en titre, Guy Novès n'était encore que co-entraîneur. Surtout, j'étais alors dacquois et je croyais à Dax. J'avais rejoint les Landes au nom de l'amitié. Je n'avais pas de plan de carrière.

Cependant, l'idée commença à faire son chemin dans ma tête. Autour de nous, le rugby changeait rapidement mais à Dax, on ne voyait rien venir. Et puis, si je m'éclatais à l'USD, j'étais usé des multiples allers-retours. Je voulais me rapprocher. Plusieurs clubs se mirent sur les rangs, trois en particuliers : Colomiers, Castres et Toulouse. C'est entre ces deux derniers que se joua mon sort. De manière pas tout à fait transparente à ce que je compris…

Je rencontrai d'abord Pierre-Yves Revol, aujourd'hui président de la Ligue nationale de Rugby, à l'époque président du Castres Olympique. C'était au centre-ville de Toulouse, dans les bureaux de Sud Radio, qu'il dirigeait alors. Sa proposition, supérieure aux autres, était intéressante. Mais je ne sais pas pourquoi, je n'étais pas très attiré par le CO.

La semaine suivante, je fus invité au *Cercle d'Oc* par René Bouscatel et Jean-Michel Rancoule, respectivement président et recruteur du Stade Toulousain. Nous bavardions de choses et d'autres lorsque

Pierre-Yves Revol entra dans le restaurant ! D'un coup, le visage des représentants toulousains blêmit… Et pour cause : MM. Bouscatel et Revol, très amis dans la vie, avaient signé une sorte de pacte de non-agression. Les Toulousains avaient promis de ne pas me contacter… J'apprendrai plus tard, par la bande, que c'est cette affaire qui motiva Pierre-Yves Revol à aller débaucher Thomas Castaignède du Stade Toulousain. Fallait pas l'énerver…

Signer au « Stade » était somme toute une évidence. Mon « antistadisme » de mes jeunes années n'avait pas résisté longtemps à l'éloignement du cocon de mes débuts rugbystiques. Ce club était le mien avant même que j'y aie mis les pieds. Son jeu, c'était celui que j'avais appris, aux accents que j'avais entendus durant toute mon enfance. À Dax, certains le comprirent. D'autres accusèrent le coup et m'en voulurent. Après moi, en effet, d'autres cadres comme Magne ou Mola avaient annoncé leur départ. J'étais coupable d'avoir ouvert le robinet. Alors qu'en allant au Stade Toulousain, je ne faisais que rentrer chez moi.

27
Money is money

L'argent n'a jamais été un moteur. Paradoxalement, je fais sans doute partie des rugbymen français qui en ont gagné le plus durant leur carrière. Jusqu'à 500 000 euros les bonnes années.

Le rugby a connu une évolution plus rapide qu'aucun autre sport en dix ans. Et pas seulement sur le plan du jeu : les structures d'encadrement, la construction financière, les stades. Franchement, c'est admirable. Quand on compare les années 1990-1998 avec la dernière décennie, c'en est même rigolo ! À Dax, je me souviens avoir disputé le tournoi Ideki, une importante compétition universitaire à 7, deux jours avant d'aller affronter Bath en Coupe d'Europe...

Les salaires ont connu cette même évolution. Le mien a été multiplié par cent entre les années Graulhet et mon dernier contrat. Je n'ai jamais eu besoin de négocier, ni de prendre un agent. En général, le club et moi étions d'accord avant même d'en parler. Il fallait juste qu'on se le dise et, une fois la parole donnée, ça prenait cinq minutes.

Au SCG, sans compter la fameuse Renault 19 du même nom que le club m'avait baillée, je touchais 600 euros par mois. On ne savait jamais quand ils allaient tomber et même s'ils allaient tomber ! En signant à Dax, je suis passé à 1 200 au début puis 2 200 lorsque je suis devenu international après 1995. C'est en rejoignant le Stade Toulousain en 1997 que j'ai franchi un cap avec 60 000 euros par an et un autre en 2001 quand j'ai accepté un contrat de cinq ans pour 250 000 euros annuels. J'ai ensuite attendu sept ans et mon dernier contrat pour être augmenté. Mais je n'ai pas à me plaindre : à Toulouse, le coût de la vie pour un joueur du Stade Toulousain augmente moins vite qu'ailleurs. Artisans et commerçants, trop contents de vous croiser ou de vous donner un coup de main, se chargent de compenser l'inflation ! Et puis, c'est le seul endroit au monde où après chaque match, après chaque entraînement, des bénévoles faisant partie des murs vous attendent à la sortie de la douche avec des serviettes chaudes. Au cœur de l'hiver, cela n'a pas de prix…

J'aurais pu gagner encore plus en partant en Angleterre. Mais je m'étais engagé sur le long terme avec ce club et cette ville que j'aime profondément. Cela a contribué à ce que je sois parfois traité un peu différemment. Et puis, c'est un club qui vous emmène en haut de l'affiche de toute façon. En évoluant à Toulouse, on accroît nettement ses chances d'atteindre l'équipe de France ou d'y rester plus longtemps, donc d'être médiatisé. À part Paris, aucun autre club n'apporte autant d'opportunités. Grâce à l'équipe de France et les contrats d'image qui en ont découlé, j'ai doublé mes revenus. Dès la fin des années 90, les primes pour les Bleus étaient devenues très intéressantes : 45 000 euros pour la Coupe Latine, en 1997…

Si ce sujet n'a jamais été tabou pour moi, c'est que je n'ai jamais oublié que j'étais un privilégié. Jamais je n'aurais pensé gagner autant d'argent dans ma carrière. Je ne l'ai pas volé, mais je ne l'ai pas gaspillé non plus. J'ai toujours payé mes impôts, jamais pensé à virer mes salaires en Suisse ou dans des paradis fiscaux. 500 000 euros, cela n'a rien à voir avec les sommes évoquées dans le football, mais cela reste beaucoup d'argent. C'est mieux que 95 % de la population. Dans mon quotidien, je côtoie toujours des gens qui gagnent normalement leur vie, d'autres qui ont du mal à joindre les deux bouts. Et là où j'ai grandi, on sait la sueur que cela nécessite parfois.

28
Pour qui sonne le glas

À l'automne 1997, le staff du quinze de France rappela quelques anciens… plus ou moins bienvenus. Thierry Lacroix évoluait alors en Angleterre. Il était arrivé au regroupement fort de ce qu'il vivait outre-Manche. Il passait son temps à nous expliquer le rugby et à donner des leçons de professionnalisme à tout le monde. Sur le fond, il n'avait pas tort. Mais sur la forme, son attitude était totalement décalée par rapport à ce que nous vivions. C'était déplacé et nous n'étions pas prêts à l'entendre. Philippe Saint-André, lui, faisait plus profil bas depuis les événements de 1995. Mais c'était un capitaine historique. Il était respecté et écouté.

Son aura ne suffit pas à rassembler suffisamment l'équipe pour affronter des Boks arrivés dans l'Hexagone « gonflés » à bloc. Des Boks pourtant malades et fragiles si l'on en croit la vingtaine d'asthmatiques qui présentèrent leurs ordonnances…

L'équipe sentit le vent du boulet dès le premier test à Lyon. Moi, notamment. Cela coïncidait avec mon arrivée à Toulouse où j'avais du mal à m'imposer. Je n'étais pas bien. La bonne deuxième période nous permit de sauver la face. Mais pas ma place. Merle avait fait une grosse rentrée et La Brouze était alors physiquement au-dessus de tout le monde.

Pour le deuxième test, je glissai sur le banc. Pour la première fois depuis deux ans. Après avoir aligné dix-sept sélections comme titulaire, je vivais ma première remise en question.

Mais ce n'était rien à côté de ce que traversa le groupe au Parc des Princes. Lorsque je rentrai à la mi-temps, les Boks menaient déjà 26-0.

52-10 au coup de sifflet final. Naufrage collectif. Sur la pelouse, des amateurs qui commençaient à peine à s'entraîner tous les jours avaient tenté péniblement de faire face à des joueurs professionnels depuis plusieurs saisons déjà. Un seul Bleu tira son épingle du jeu : mon Rafa Ibañez, entré en fin de match telle une furie. C'est lui qui nous évita le « fanny » en inscrivant notre unique essai. Un signe du destin, sans doute…

Cette déculottée historique fit sauter le dernier verrou qui empêchait de changer totalement les hommes. Ce jour-là, je me souviens, certains mecs comprirent que c'était fini pour eux. Lolo Cabannes, Le Goret et Thierry Lacroix (qui avait souffert pour mettre en pratique ses bons conseils) affirmaient eux-mêmes avoir vécu leur jubilé. Certains ne correspondaient plus à ce que l'équipe de France attendait de ses joueurs, d'autres ne voulaient plus faire les efforts nécessaires. Toute la génération est partie. Le rugby disait adieu au Parc des Princes. Et nous aux anciens. On changeait d'époque. Ma génération était prête à prendre la relève.

29

Tou-lou-sain ! Tou-lou-sain !

Je vivais désormais à plein temps à Toulouse. Pour autant, je n'étais pas encore totalement toulousain. Au Stade, les débuts étaient compliqués. L'équipe tournait à plein régime, certes, mais moi je n'en étais toujours pas un membre à part entière. J'étais un peu en décalage. Encore étudiant en troisième année de kiné, je souffrais physiquement. Je n'étais pas à la hauteur de mon statut d'international.

J'avais débarqué dans un club quatre fois champion de France d'affilée. Il avait sa hiérarchie, ses personnages, ses codes. Devant, le trio Belot-Miorin-Dispagne était un triangle 4-5-8 de légendes locales qui avaient tissé des liens très forts. Chaque fois que je jouais, je prenais la place de l'un d'entre eux. Je déstabilisais un ordre établi, mon intégration n'était pas naturelle. En particulier, au milieu du duo Belot-Miorin. Physiquement comme techniquement, ce binôme symbolisait depuis des années le jeu à la toulousaine. Rien ni personne n'était venu le contrarier… avant moi.

Quelques jours après être revenu des tests de l'automne et des défaites face aux Boks, Toulouse affrontait les Harlequins de Londres (et de Thierry Lacroix) au Stadium, rénové en vue de la Coupe du monde de football. Je n'avais plus foulé cette pelouse depuis la victoire face aux All Blacks deux ans plus tôt.

Pourquoi ce jour-là me sentis-je pour la première fois à ma place dans cette équipe ? L'événement, l'adversaire, je ne sais pas… En tout cas, face à ce public qui hurlait « Et ils sont où les Harlequins ? » que Lacroix traduisait à ses coéquipiers pour essayer de les motiver, je fis mon premier gros match. « L'international » apportait enfin ce qui lui était demandé. Il était temps. À l'issue de la rencontre largement remportée, le talonneur Patrick Soula nota : « Heureusement que tu as eu l'équipe de France pour te souvenir ce que cela fait de perdre. » Dans le regard des autres, je ressentis comme une forme d'acceptation, miroir de ma fierté et de mon soulagement à avoir enfin répondu aux attentes placées en moi. Voilà, j'étais toulousain.

Comme souvent, l'intégration était venue du terrain, surtout à Toulouse où on vient, on gagne (sa place), et (sinon) on s'en va.

30
Beat generation

J'entends encore le joyeux et pédagogique zézaiement du Pierre Villepreux de ce Tournoi 1998 : « Zouez, zouez, surfez sur la vague du jeu ! Quand c'est parti, il faut aller au bout ! » Au bout d'un système. Au bout d'une génération aussi, celle des joueurs nés entre 1971 et 1974, qui sera le socle de l'aventure de la Coupe du monde 1999. De la génération précédente, il ne restait plus que Jean-Luc Sadourny, Émile Ntamack et Christian Califano (Benazzi reviendrait plus tard).

Ce groupe avait l'insouciance de son âge. À sa tête, un nouveau capitaine de 25 ans : Raphaël Ibañez. Rafa avait l'équipe derrière lui. Il connaissait tout le monde pour avoir été champion du monde universitaire avec certains ou en équipe de France juniors avec d'autres.

L'automne marqué par le raz de marée sud-africain avait été balayé de nos esprits comme un mauvais cauchemar. Nous avions un Grand Chelem à défendre. Et quelle défense ! Dès l'ouverture, qui inaugurait d'ailleurs aussi le Stade de France, le statut fut assumé : troisième victoire d'affilée face au quinze de la Rose !

Sur la route de ce premier doublé de l'histoire du rugby français, il y eut l'Écosse terrassée à Murrayfield, l'Irlande qui faillit nous surprendre à Saint-Denis. L'aboutissement, ce fut ce match à Wembley face aux Gallois exilés : le public, immense, et les chœurs dans ce stade évasé. Des chœurs vite étouffés par une orgie de jeu. Je revois Thomas Castaignède ridiculiser Neil Jenkins à chaque action et je me revois même faire un coup de pied par-dessus !

51-0 : l'accomplissement d'un Tournoi dominé de part en part et aussi l'accomplissement du jeu prôné par les coaches. Mais aussi le début d'une incompréhension qui ne se lisait pas encore. La philosophie, c'était alors le jeu, le jeu et toujours le jeu. Mais on ne travaillait que très peu les bases. Peu de mêlées, peu de touches. Ce n'était pas une priorité... C'était oublier que certains joueurs devant en avaient besoin pour se rassurer. Marc Dal Maso regrettait ainsi de ne pouvoir travailler ses lancers et le timing avec les sauteurs ; d'autres étaient en manque de séances de joug...

Le quinze de France souffrait, comme toujours, de vieux antagonismes. Mais pour l'heure, il souffrait en silence et dans la joie. Le Tournoi et la tournée de 1999 allaient rappeler tout le monde à l'ordre.

31

Stade de France, version courte

Je l'ai découvert par une victoire face à l'Angleterre en 1998 ; je le quitterai en même temps que le maillot bleu par une défaite face à l'Angleterre, en 2007…

Au début, il m'a plu. Puis, j'y ai perdu. Trop.

Mais finalement, le seul défaut de ce stade est que je suis né avant lui. Et qu'il n'y avait ni briquette rouge dans les vestiaires, ni l'écho de la voix de Roger Couderc… N'est pas le Parc des Princes qui veut.

32

Il y a « Stade » et « Stade »...

Selon que l'on soit au nord ou au sud de la Loire, il y a « Stade » et « Stade ». Le « Stade » de Paris et le « Stade » de Toulouse. Les premiers affrontements entre les deux clubs « capitales », celle de la France et celle du rugby, remontent au début du siècle précédent, mais la naissance, au cours de l'ère moderne, de la rivalité date de 1998 et d'une demi-finale à Brive. Chacune des confrontations suivantes, toujours âpres et tendues, gonfla un peu plus la dimension de cette opposition pour en faire une sorte de France-Angleterre de notre Championnat : aux complexes nourrissant les rapports Paris-Province s'ajoutèrent l'orgueil mais aussi le respect et l'admiration mutuels. Le simple fait de s'affronter fut une source de motivation suffisante.

Alors que j'étais un jour interrogé par la presse à son sujet, je fis de David Auradou, mon homologue au Stade Français, un « pénible ». Ce qui, dans ma bouche et à propos d'un deuxième ligne, devait être considéré comme un compliment. Mais « Bibi », et ceux qui s'en servirent pour le remonter comme une pendule, vit la chose autrement. Lorsque nous entrâmes sur la pelouse, il me lança son regard noir : « Tu vas voir si je suis un pénible ! »

En 1998, avant Brive, nous n'avions perdu que très peu de matches durant la saison. Mais nous tombâmes sur une équipe et des joueurs en quête de reconnaissance, quand les Toulousains, eux, sortaient de quatre titres de champions de France et d'un sacre européen. Ils s'étaient gavés de gloire ; les Parisiens en étaient assoiffés. Et l'agressivité était bien supérieure chez eux. Deux essais en contre, et le match était plié. J'étais venu pour gagner des titres, on venait d'abandonner le plus important. Même si nous eûmes, pour nous consoler, la Coupe de France face à un Stade Français-bis, force était de me demander encore une fois si je n'étais pas le chat noir...

Nous avons lavé l'affront un an plus tard, en atomisant les Parisiens en quarts de finale de Coupe d'Europe et en récupérant le Bouclier de Brennus. Le premier à titre personnel... Mais la deuxième vie du Stade Français, club mythique, avait démarré, montrant l'exemple, au fil des ans, de ce qu'était le nouveau rugby, savant mélange de valeurs humaines et de marketing. Vu de Toulouse, le Stade Toulousain se maintient depuis si longtemps au sommet qu'on en oublie parfois la fragilité du succès.

33
Tournée télégraphique

Juin 1998. STOP. Après le premier test en Argentine, rentré passer mon examen de kiné. STOP. Diplôme en poche. STOP. Retour en Argentine, puis parti aux Fidji. STOP. Quatre-vingts heures d'avion en une semaine. STOP. Plus aucune idée du jour, de l'heure, totalement hors du temps. STOP. Passage aux Fidji pour le moins exotique. STOP. Hôtel situé sur une presqu'île, les pieds dans l'eau turquoise. STOP. Entraînement le matin tôt ; pêche et baignade l'après-midi. STOP. Vrai voyage. STOP. Ne joue pas le match de semaine face aux Fidji Warriors. STOP. Et tant mieux : stade plein de poussière, plaquages nucléaires en face. STOP. Avant le test, les gens dansent en chantant l'hymne national fidjien. STOP. Déboussolé, ambiance oisive. STOP. Trop oisive : tête remise à l'endroit par les Fidjiens. STOP. Tampon sur tampon, rires des spectateurs juchés jusque dans les arbres entourant le stade. STOP. Au bout de vingt minutes, je suffoque. STOP. J'ai explosé. STOP.

34
Profession rugbyman

Mes études de kiné ne m'auront finalement servi qu'à deux choses, mais non des moindres : rencontrer ma femme, Florence, elle-même kiné, et savoir nommer le muscle ou l'articulation qui me faisait souffrir les lendemains de match…

À peine mon diplôme en poche, je renonçai à la pratique et embrassai la vie de rugbyman professionnel à l'orée de la saison 1998-99. J'avais 24 ans et ce fut un soulagement. Pour la première fois, je ne courais plus après le temps. Je n'avais plus à filer à toute vitesse à l'entraînement entre deux cours. Je pouvais arriver une heure avant, partir une demi-heure après, bien me préparer, bien m'étirer… Mon plus grand plaisir, c'était ces deux minutes avant de commencer, moment de détente et de jeu. Pour ces deux minutes, pas une fois je ne suis allé m'entraîner en soupirant.

Pour autant, je suis également content d'avoir connu autre chose que le rugby. Ceux qui ont vingt ans aujourd'hui n'ont plus le choix ; rares sont ceux qui poursuivent des études. Ils ont moins conscience que les gens de ma génération de vivre cette vie parallèle que constitue celle des sportifs professionnels. Avoir fait des études ou avoir côtoyé des joueurs qui arrivaient à l'entraînement avec leurs camionnettes d'artisan nous a permis de rester en prise avec la réalité de 95 % de la population. Nous avions plusieurs bulles, les jeunes actuels n'en ont plus qu'une. Ils gagnent rapidement de l'argent, sont médiatisés, valorisés à l'extrême pour certains. Pour eux, acheter un jean à 250 euros, c'est normal, ils oublient vite que c'est quasiment un quart du Smic. Ils n'en sont pas moins intelligents pour autant : ils sont juste dans leur monde.

À vrai dire, sur le terrain, ils sont même parfois plus réfléchis que quelques types avec lesquels j'ai croisé le fer avant le professionnalisme ou au tout début de celui-ci. Certains, brillantissimes dans leur vie, se transformaient carrément une fois en tenue. C'était le cas de Serge Simon, pilier et médecin, ou de Francis Déjean, deuxième ligne et professeur d'université, capables des pires gestes pendant un match. On ne pouvait les taxer de bêtises : ils n'avaient qu'à brandir leur CV. Ils avaient une chance inouïe : leur cerveau avait la faculté de se mettre en veilleuse…

35
Le traquenard d'Ebbw Vale

Quand je serai vieux, assis près de l'âtre, soufflant sur les braises de ma mémoire pour ne pas que le feu s'éteigne, je raconterai à mes petits-enfants : « J'ai connu l'enfer d'Ebbw Vale. » Je les imagine alors interpellés, s'arrêtant instantanément de jouer, faisant silence, comme déjà happés par la promesse d'un récit à six mains rameutant celles d'un improbable trio : Tolkien, Higgins (de la série *Magnum*) et Le Père Castor.

Dans cette petite cité des anciennes vallées minières du pays de Galles, cadre d'un match de poule de la Heineken Cup 1998-99, il y eut en effet quelque chose d'une bataille surnaturelle du *Seigneur des Anneaux* et du bourbier que fut le Vietnam : organisateurs et adversaires multiplièrent les coups tordus et l'arbitre fit usage de pouvoirs magiques ! Le favori fut finalement poussé à la reddition...

Lors du match aller, nous avions passé plus de cent points à Ebbw Vale. Nous pouvions légitimement penser, sans trop manquer de respect à nos amis gallois, que nous avions des chances de l'emporter aussi au retour. Sauf que ce fut finalement le déplacement le plus incroyable de ma carrière.

Dès les heures précédant la rencontre, René Bouscatel, président du Stade Toulousain, sentit que quelque chose ne tournait pas rond. Notre nouvelle recrue sudiste, Lee Stensness, n'avait pas encore sa lettre d'autorisation, mais les dirigeants décidèrent de l'emmener sur la foi d'une promesse des instances européennes que ladite lettre serait livrée dans les temps. À une heure du coup d'envoi, le représentant des instances tenta de rassurer René :

«J'arrive, je suis sur la route», lui dit-il.

Ce qui ne le rassura pas du tout, au contraire :

«On ne fait pas jouer Lee, ça sent le traquenard.»

À raison : René attend toujours que le type de l'ERC trouve le chemin du stade. Et il attend la lettre, aussi…

Sur le terrain, les joueurs britanniques étaient à peine meilleurs qu'à l'aller mais, ils étaient animés de la détermination des Gaulois après un apéro à la potion magique. Surtout, cette fois, ils étaient seize, avec l'arbitre. Un personnage à la physionomie particulière : petit, gros, moustachu, doté d'une chevelure à la Chris Waddle. Mais, je ne saurais dire pourquoi, cette coupe lui allait beaucoup moins bien qu'à l'icône de l'OM des années 1990... Il dût d'ailleurs sentir un ou deux regards moqueurs de notre part, car on eut vite la sensation qu'il nous en voulait de quelque chose. En moins de temps qu'il n'en eut fallu pour lui expliquer que nous n'avions rien contre lui, il nous avait réduits à quatorze. L'un de nos joueurs, Cyril Vancheri avait été expulsé pour… rien.

C'était une parodie. L'arbitrage était tellement partial que c'en était absurde. Je n'ai jamais été irrespectueux à l'égard des arbitres. Pour avoir passé de nombreuses années sur les terrains auprès d'eux, j'ai même noué une forme de sympathie. Les fois où je me suis agacé, c'est lorsque j'ai senti qu'il y avait injustice. Pas senti, ressenti, en fait. En l'occurrence, ce fut trop : sur une énième pénalité, je craquai. Face à cette mauvaise foi évidente, j'avais les larmes aux yeux, des larmes de rage. Cela ne changea rien. Ce qui était prévu arriva : on perdit le match et Ebbw Vale eut son jour de gloire.

À l'issue de la rencontre, Guy Novès se demanda comment nous avions pu tenir nos nerfs. Moi-même, je me pose encore la question… Peut-être parce que nous étions suffisamment intelligents pour nous rappeler que, finalement, malgré l'embuscade, malgré la défaite, tout ça n'était que du rugby. C'était une tranche de vie, avec une morale, certes, mais «pour de faux». Comme dans les histoires du Père Castor.

36
Trou d'air

Comment peut-on être tour à tour aussi brillants et aussi mauvais ? Suffit d'être français ! Le Tournoi 1999 fut tellement emballant qu'il ne m'en reste rien, si ce n'est le souvenir d'une faillite collective. Le contraste avec 1998 fut troublant. Jamais on ne retrouva le niveau de jeu de l'année précédente. Nous gagnâmes miraculeusement à Dublin d'un petit point, puis nous inclinâmes du même petit point à Paris face aux Gallois, puis nous fûmes minables à Twickenham face à une équipe d'Angleterre qui semblait comme prendre petit à petit possession de l'Europe. Je me rappelle surtout les numéros des joueurs anglais : on n'avait fait que leur courir après en deuxième mi-temps ! À quelques mois de la Coupe du monde, l'inquiétude gagnait le vestiaire. Les premières tensions commencèrent à naître…

Ma déception du moment était ailleurs. Ayant dû abandonner quelques-unes de mes côtes sur la pelouse londonienne, je fus contraint de renoncer au dernier match face à l'Écosse. Pas de chance : pour la première fois, Maria et Camille, mes grands-parents de Gibel, qui n'avaient jamais pris l'avion, étaient montés à Paris. C'était leur premier « voyage ». Le dernier, aussi : on ne les y reprendrait plus !

37
Le tee-shirt qui fait gagner

Je suis croyant. Mais je ne mélange pas tout. Je n'ai jamais prié avant un match. J'espère que Dieu a autre chose à faire que de passer ses week-ends sur les terrains de rugby. Durant toute ma carrière, j'ai évité de céder à la superstition. Si je m'apercevais d'un rituel, je faisais tout pour vite l'oublier et ne pas me dire que c'est grâce à cela que j'avais gagné. D'ailleurs, Yannick Bru, qui fut mon coéquipier puis mon entraîneur à Toulouse, déclara un jour dans *L'Équipe* :

« J'ai toujours été fasciné par la capacité de re-mobilisation de Fabien. C'est un mec toujours très concentré sur sa perf du week-end, pas du genre à sortir le vieux slip porte-bonheur, ou à se demander si la dernière fois qu'on a gagné, on a joué en rouge ou en blanc. »

Sympa, mais pas tout à fait exact. Quitte à écorner la légende, il me faut rétablir la vérité : si j'ai, c'est vrai, rapidement passé l'âge des slips qui ne font pas perdre et du bout d'élasto qui fait gagner, il s'en est quand même fallu de peu…

Pour France-Angleterre 1998, premier match au Stade de France, à beaucoup d'égards l'un des plus enthousiasmants de ma carrière, je mis un tee-shirt Adidas. Je rejouai avec, un peu plus tard, tout à fait par hasard. On gagna. J'en pris conscience et continuai. La première fois que je l'oubliai, on perdit contre l'Australie. Je le remis à Dublin contre les Irlandais en 1999 : victoire 10-9 ! Rentré chez moi, le tee-shirt était bleu, couvert de la peinture publicitaire dont la pelouse de Lansdowne Road avait été décorée. Après un passage à la machine, ma femme Florence le jugea irrécupérable et le jeta. Immédiatement, les défaites s'accumulèrent…

Et là je me suis dit : « Si tu tombes dans la spirale du fétichisme, vu qu'il te reste encore pas mal d'années à jouer, c'est foutu, tu vas finir par jouer à poil ! » Je me mis donc à l'excès inverse : dès lors, je changeai systématiquement et scrupuleusement de sous-vêtements à chaque match. Heureusement, dans le paquetage donné pour la Coupe du monde 1999, je trouvai un tee-shirt qui ressemblait beaucoup à celui perdu sur le front irlandais...

38

Ce n'était rien qu'un peu de bois

À la fin des années 90, le Stade Toulousain était encore composé en grande partie de ces formidables compétiteurs qui avaient réussi le quadruplé entre 1993 et 1997. Au moment d'affronter Montferrand en finale du Championnat 1999, j'étais animé par le même sentiment qu'eux : récupérer le Bouclier de Brennus abandonné un an plus tôt au Stade Français.

C'était ma première finale. Je n'avais encore jamais touché « le bout de bois ». Le Brennus, c'est bien plus qu'une coupe, c'est un objet de culte fait de matières nobles, datant des origines de la compétition et riche de toutes les larmes de bonheur qui ont coulé dessus depuis. Son lustre et l'affection que les rugbymen français lui portent n'ont jamais faibli, au contraire. Comme si, à chaque fois qu'une équipe le gagne, la joie des vainqueurs s'ajoute à celle, restée intacte, de ceux qui l'ont déjà remporté.

La rencontre fut enlevée et le plaisir de s'imposer d'autant plus fort. Je reçus le « Talent d'Or » du match… que je ne retrouverai jamais, perdu dans la soirée. Dans la nuit dyonisienne, c'est surtout un Néo-Zélandais, Lee Stensness, le véritable homme de la finale, qui m'avait offert l'occasion de soulever le Brennus. La victoire était collective mais, pour moi qui étais champion de France pour la première fois, je vivais le plaisir un peu égoïstement.

Rentré à Toulouse, j'enlevai le bouclier, montai dans ma 306 Peugeot décapotable (embourgeoisé, j'avais délaissé depuis longtemps la Renault 19 SCG) et me mis à rouler seul dans la chaleur de la nuit toulousaine, le Brennus sur la banquette arrière. J'avais le sentiment de l'alpiniste arrivé en haut d'un sommet et qui, avant de redescendre, veut regarder tout autour de lui, pour mieux réaliser, profiter…

Je ne pus goûter longtemps aux joies de l'éternité. La tradition voulant que le Bouclier de Brennus soit présenté à tous les quartiers toulousains, nous partîmes donc faire la tournée des grands ducs. On écuma les bars. À chaque fois, nous étions attendus avec de quoi nous restaurer et nous désaltérer. Certains jours, la fête durait de onze heures à deux heures du matin. Au bout d'une semaine de célébration, je n'avais plus ni faim ni soif… Sauf celles de revivre ça.

39

Arrête, Cali...

Si la tournée de 1998 avait eu quelque chose du voyage touristico-sportif vécu quelques années plus tôt avec le Bataillon de Joinville, celle de 1999 s'avéra plus sportive. Elle fut même dantesque à tous points de vue, comme on le verra, conservant en elle-même une part d'aventures. Une équipe de rugby n'est rien sans aventuriers, sans ces personnages qui lui donnent du corps et de l'esprit. On y trouve des forts, des rapides, des guerriers, des virtuoses, voire même des amuseurs. Christian Califano avait ceci de particulier qu'il pouvait être tout à la fois.

La première étape du périple dans le Pacifique Sud nous emmena aux Samoa.

La visite d'une « île-volcan » fut organisée. Le bus souffrait pour grimper la pente. Cali faisait le clown. Abdel Benazzi voulut surenchérir : « Je descends, j'irai plus vite à pied ! » Il s'exécuta, sauta... et disparut sous le bus ! Il n'avait pas vu que nous longions un ravin... Le pauvre Abdel se blessa. Fin de la tournée pour lui... et début de nos problèmes. Sur le coup, on rit. Ensuite, moins...

Coresponsable (avec le chauffeur du bus) de la perte du meilleur joueur de l'équipe, Cali ne tarda pas à payer cher ses bouffonneries lors du test. Sous un déluge d'eau, dans une atmosphère étouffante chargée de 90 % d'humidité, les Samoans étaient dans leur élément et fidèles à leur réputation de coupeurs de tête. « Cali » en fut la victime collatérale. Le talonneur Leota le décapita. Pour Cali, la lumière s'éteignit jusqu'au soir... Il était vexé d'avoir été mis K.-O. « Cancan » Artiguste ne cessait de le chambrer. Les autres n'osaient pas trop lui parler. Faut dire, il n'entendait plus trop… Et puis, cela aurait pu arriver à n'importe lequel d'entre nous !

La victoire en poche, nous prîmes la direction des Tonga. En raison de la *time line*, nous arrivâmes la veille ! Était-ce le décalage horaire ? Était-ce le protocole qui vit le roi du Tonga arriver sur le terrain en limousine ? En tout cas, à peine deux semaines de tournée et nous n'y étions déjà plus. Ce match face aux Tonguiens fut une calamité. Le quinze de France s'inclina pour la première fois face à cette équipe. Après avoir déjà vécu la première défaite face à l'Italie, j'en avais marre de vivre des événements historiques de ce type !

La Coupe du monde approchant à grands pas, l'inquiétude, déjà palpable, montait encore d'un cran. Deux entraînements par jour et pour certains, des places à gagner… ou à perdre : l'ambiance était tendue. Et cela n'allait pas s'arranger. Malgré Cali.

40
Marée noire

Wellington est une belle ville. Phare sud de l'île du Nord, la capitale néo-zélandaise a des maisons bleues, vertes, roses, accrochées à ses collines. Ouverte aux quatre vents, on l'appelle « Windy Wellington ».

Et c'est vrai que parfois, ça souffle. Surtout s'il s'agit d'y affronter les All Blacks. 54-7 : défaite record. Abdel Benazzi rentré trop tôt en France, nous avions perdu notre unique perforateur. Toute la partie, nous avions buté sur un mur, totalement impuissants. Nous avions fait des centaines de passes sans jamais avancer ! Le revers ne fut pas que technico-tactique : l'écart historique dénote le peu d'esprit de révolte qui animait alors le groupe.

Un groupe qui commençait à se scinder autour du cas Mola. Les entraîneurs en avaient fait le vice-capitaine. Pierre Villepreux voulait absolument qu'il joue. Il était intouchable. Ce statut devint intenable pour le reste de l'équipe autant que pour lui. Car petit à petit, les défaites aidant et face à un système qui d'évidence ne marchait plus, Ugo cristallisa autour de lui les maux du quinze de France et les rancœurs de quelques-uns.

Avant de rentrer en France, nous nous arrêtâmes en Nouvelle-Calédonie, pour ce qui était la première du quinze de France dans ce coin du Pacifique. On tenta d'oublier les défaites. Cali monopolisa le jet ski que l'équipe était censée se partager, Rafa, en bon GO, me fit découvrir la voile… Et délires : Max Godemet, entraîneur adjoint, attiré par un gigantesque buffet de fruits de mer, s'empala sur la baie vitrée qui lui barrait la route. Bilan : nez ouvert, lunettes cassées et énorme fou rire… Même le tournoi à 7 qui avait été organisé ressembla davantage à un bon vieux tournoi de sixte ; coup de soleil, barbecue et rosé. Ce fut le Club Med pendant trois jours, et nous en avions bien besoin. Dans les moments où nous ne riions plus, on se demandait comment nous pourrions combler l'écart qui nous séparait visiblement des « sudistes ». Mais on ne savait pas encore qu'en Nouvelle-Zélande avaient en fait poussé les germes du sentiment de rébellion qui allait nous habiter quelques mois plus tard...

41

Les raisins de la révolte

Pendant longtemps, on disait qu'un groupe de copains qui s'entendaient bien pouvait soulever des montagnes et tout gagner. Aujourd'hui, c'est le groupe qui gagne des matches dans lequel les membres finissent par s'entendre ; c'est la victoire qui suscite l'amitié. C'est ce que vécut l'équipe de France en 1999.

L'équipe s'est autoconstruite humainement. Surtout sur la dernière partie.

La préparation a été tellement difficile que les moindres incidents ont fait sauter les plombs de certains. Les stages de Millau et de Val-d'Isère avaient été extrêmement éprouvants physiquement pour nous qui n'avions pas encore l'habitude des grosses charges d'entraînement. Nous avions aussi laissé en route Philippe Carbonneau, le plus doué de tous, dont le genou avait lâché lors d'un footing.

Le verrou a sauté lorsque nous sommes arrivés à Banyuls sur la côte catalane, pour démarrer les entraînements rugby. Il faisait une chaleur atroce, y compris à l'hôtel. Nous ne dormions pas la nuit. Tout le monde était à bout de nerfs. Les mecs ne se respectaient plus, les inimitiés éclataient. Franck Tournaire et Abdelatif Benazzi en vinrent aux mains. Mais c'est chez les arrières surtout que la tension était à son comble. Domi, Dourthe et Titou Lamaison, évincé de la tournée précédente, faisaient bloc entre eux, marginalisant chaque jour un peu plus Ugo Mola, le vice-capitaine choisi par les coaches… Thomas Castaignède, lui, avait de plus en plus de mal à résister à la pression médiatique qu'il subissait[*].

À l'inverse, Titou Lamaison était arrivé prêt, sans états d'âme et sans pression. Il était le meilleur à tous les entraînements. À un moment, le choix s'est tout naturellement imposé aux entraîneurs. Même chose pour Fabien Galthié. Carbonneau blessé, Pierre Mignoni et Stéphane Castaignède plus effacés ; quand Galthié est arrivé suite au renoncement de Mignoni, il avait un boulevard devant lui. Il s'est immédiatement conduit en leader du pack. Il dirigeait, savait où il allait. Le credo des coaches, c'était le mouvement global. Fabien, qui avait dû voir des choses depuis l'extérieur de l'équipe, a complété ce discours en fournissant les repères dont nous avions besoin. Les uns avaient la destination et le GPS, l'autre avait les mains sur le volant. Il a amené quelque chose, incontestablement.

Le groupe qui s'autogère, qui prend les clés du camion, c'est un fantasme de journaliste. Même si, comme le montrera la suite, il y eut un peu de ça quand même…

(*) Voir chapitre 52, « *Qui m'a tapé dans le tendon ?* »

42

Coupable mais pas responsable

Nos performances lors des matches de poule de la Coupe du monde 1999 furent limites, très limites. Nous n'avions pas trouvé notre équipe, nous évoluions en France, nous n'y arrivions pas. Le match face aux Fidjiens à Toulouse constituait la finale de notre groupe. Le match fut tendu, très tendu ; nous étions tout près du précipice. Si l'équipe sut finalement l'éviter, pour ma part je m'en approchai encore plus quand je fus cité à comparaître pour stamping. Un de mes crampons avait glissé de l'épaule à la tête d'un joueur fidjien.

Ce fut en tout cas ma stratégie de défense. Étais-je responsable de la glissade du crampon de l'épaule à la tête ? Lorsque je m'envolai plaider ma cause à Twickenham, je savais ma défense légère. Et ma cause quasiment perdue.

En revanche, Christian Califano, convoqué pour un coup de tête, se montrait très confiant. Pierre Camou, à l'époque dirigeant – devenu depuis président de la FFR –, et l'avocat Me Mauriac nous accompagnaient. Je pénétrai en premier avec Me Mauriac dans ce que je pris comme un tribunal de justice. Trois « juges » étaient face à nous. Je ne lâchai rien, j'argumentai, demandai à ce qu'on passe la vidéo au ralenti pour démontrer ma bonne foi.

Une fois sorti, je fus rappelé pour me voir signifier ma sanction : quatorze jours de suspension. Je fis répéter et préciser : « C'est bon pour la demie alors ? » Oui, c'était bon ! Ouf ! Si le vainqueur du quart de finale France-Argentine avait dû jouer sa demie le samedi – et non le dimanche comme ce fut le cas –, la Coupe du monde était quasiment finie pour moi. Au lieu de cela, si la France s'imposait face aux

Pumas, j'étais requalifié pour affronter les All Blacks à Twickenham. Allez les Bleus ! Et vive ma bonne étoile…

Mais sur le coup, je contenus ma joie. Les « juges » avaient été beaucoup plus sévères avec Cali. Lui avait terminé la Coupe du monde.

43

Quelques hommes en colère

Au fil de la Coupe du monde 1999, les relations se sont décantées. Ne manquait plus « que les corps exultent »... C'est le soir de la victoire en quarts de finale à Dublin que la sélection française devint le quinze de France. Les Pumas nous avaient rendu un fier service en éliminant les Irlandais et nous venions des les battre à notre tour. Nous étions en demi-finales. Face aux All Blacks. On entra – psychologiquement – dans le match très tôt. À notre manière, celle d'un groupe qui, sentant le danger, avait tout à coup besoin de se resserrer, de se souder.

Au bar de l'hôtel dublinois où nous logions, on but une bière. Puis deux, puis trois, puis quatre... La soirée se poursuivit au Buddha Bar dans Temple Bar (je crois...). On organisa un concours d'improvisation. Richard Dourthe fit naître le haka qui serait notre *I Will Survive* à nous jusqu'au terme de la compétition. D'autres se mirent à imiter le manager Jo Maso.

Malgré lui, Jo fut un détonateur. La qualification en poche, il avait lâché : « On va jouer cette demi-finale pour le fun. » Pour la FFR, c'était donc ça l'objectif : atteindre les demies... Tous étaient certains que nous étions partis pour en prendre cinquante comme quatre mois plus tôt.

Avec cette phrase, le groupe prit conscience que, désormais, nous étions seuls. Seuls face aux pronostics, seuls face à nous-mêmes. Cela nous révolta. Nous nous envolâmes pour Londres avec un défi commun : nous ne lâcherions rien, jamais. On ferait le point à la dixième minute, la vingtième, la trentième, etc. Et on verrait bien si les All Blacks nous passeraient sur le corps...

La veille du match, au moment d'aller se coucher, chacun trouva dans sa chambre un mot de Rafa : « C'est parce que personne ne nous voit vainqueurs qu'on va gagner. Gardez espoir. »

On a gardé espoir. Longtemps. Jusqu'à ce que le vent tourne. Les Blacks entrèrent bien dans la partie, mais après l'essai de Jonah Lomu, chacun sentit que nous étions en train de reprendre l'ascendant psychologique. À la mi-temps, nous étions menés 24-12 et pourtant, pas un regard ne témoignait de l'inquiétude. Juste de la détermination. Ne rien lâcher encore et encore. Nous avions tous vu qu'à part Jonah, les All Blacks n'étaient pas aussi sereins que le score le laissait croire. Devant, nous avions commencé à les secouer...

Au retour des vestiaires, les deux drops de Titou Lamaison concrétisèrent enfin l'espoir qui ne nous avait jamais quittés. Revinrent les consignes tactiques de Pierre Villepreux : « Petit jeu au pied par-dessus la défense, jeu au pied dans le dos de Lomu et côtés fermés. » Les côtés fermés, cela avait été son leitmotiv toute la semaine à Pierrot. Il avait vu juste... Et le match bascula. La vague créée par le renversement de situation emporta le public, et nous avec. Plus rien ne pouvait nous arrêter. C'était une lame de fond, venue de l'âme de quelques hommes en colère.

Lorsque M. Fleming siffla la fin de la rencontre, il y eut quelque chose d'irréel, de déraisonnable. Je garderai toute ma vie le goût de ces instants magiques. Nous avions réussi un truc de fou. Rien que pour nous. C'est parce que personne ne nous avait vus vainqueurs que nous avions gagné.

44
La défaite en chantant

Le ballon de rugby n'offre pas que des rebonds favorables. Sinon, les All Blacks n'auraient pas été champions du monde qu'une seule fois, il y a déjà plus de vingt ans. L'exploit est rare. Surtout pour les joueurs français. Intrinsèquement, nous sommes capables d'être un jour champions du monde nous aussi. Il nous manque juste un peu de constance. On est là, à chaque fois, à un petit pas de ceux qui vont au bout.

Nous n'étions pas si loin de l'Australie en 1999. Depuis Londres, où nous avions fêté la victoire face aux All Blacks comme il se doit, nous avions gagné le pays de Galles par l'autoroute M4, menant à Cardiff et, pour tous, à notre première finale de Coupe du monde. Contrairement à ce qui a été dit ensuite, nous n'étions pas mal préparés physiquement et nous ne nous étions pas dispersés. Certes, comme par hasard, nous avions de nouveaux amis. Les messages de soutien venant de France s'étaient subitement multipliés jusqu'à recevoir le soutien de people dont nous ne soupçonnions pas jusque-là l'amour du rugby... Mais nous étions toujours dans notre bulle. Et nous n'étions pas rassasiés.

J'ai revu la finale plus tard. On pouvait vraiment la gagner. Devant, on fit un gros match. L'équipe n'explosa que dans les dix dernières minutes. Mal préparés ? Pas d'accord. Comme en 1995, Abdel aurait pu changer les choses s'il avait marqué d'entrée...

C'est fou, vu de l'extérieur, on a toujours l'impression que tout se passe en dehors du terrain. Comme en 2003, quand on dira que les journalistes présents dans notre hôtel nous avaient perturbés. C'était ça, l'arbitre, la pluie… Mais marquer un essai d'entrée ou en prendre un, ça touche davantage une équipe que d'avoir des journalistes dans son hôtel !

Pour l'heure, le quinze de France venait de perdre sa deuxième finale de Coupe du monde. La première pour moi. Comme si inconsciemment, nous savions que nous n'aurions plus jamais l'occasion d'être si près du but, comme si ce groupe bâti trop tardivement voulait prolonger le plaisir, on fit un peu durer l'histoire.

Rentrés à Paris, nous étions les rois du monde. La nuit était à nous. Richard Dourthe faisait le haka à l'Arc de Triomphe, nous faisions ronfler les moteurs des 2 CV décapotables prêtées pour l'occasion. On se foutait de tout et de tout le monde. Nous serions déraisonnables jusqu'au bout. Et nous avions bien raison. Le samedi d'après, je faisais dix heures de bus pour aller jouer avec Toulouse à Grenoble…

45

« Vous êtes au pied du mur, il faut le construire ! »

Lorsque Jean-Claude Skrela quitta ses fonctions à la tête du quinze de France en cette fin 1999, s'éloigna quelqu'un qui avait beaucoup compté et compterait encore pour moi. Quelqu'un qui ne m'a jamais lâché, qui a toujours cru en moi, m'a permis de connaître la période dorée de mes débuts. La seule remise en cause qu'il ait provoquée chez moi, ce fut à l'automne 1997. Et cela ne dura qu'un match.

Longtemps, nos relations ont pu donner l'impression que j'étais son protégé. Je n'ai rien fait pour ça. J'ose espérer, en tant que sportif et en tant qu'homme, que si Jean-Claude Skrela m'avait choisi, c'est parce qu'il estimait que j'étais d'abord un bon joueur de rugby.

Mais, c'est vrai, la filiation était naturelle. Jean-Claude venait de la terre. Fils de paysan comme moi, il jouait devant comme moi. Il était de la veine de mes premiers éducateurs, autant rugbystiquement que dans la gestion des hommes.

J'ai beaucoup aimé ce qu'il apporté dans le jeu. J'ai admiré sa passion. Ce n'était pas un grand orateur, dans la forme. C'est lui qui, avant un match, nous lâcha un jour : « Vous êtes au pied du mur, il faut le construire ! » Ou qui nous souhaita la bienvenue en Australie alors que nous venions de poser le pied… en Argentine.

Il n'avait peut-être pas toujours les bons mots et pourtant, il a su parler à cette génération. Une génération qui allait vivre un changement de style radical avec le nouveau sélectionneur : un certain Bernard Laporte. Le paradoxe, c'est que, contrairement à Jean-Claude, Bernard ne me connaissait pas, et que c'est lui qui allait très rapidement me responsabiliser.

46

Supporter les supporters

Je ne sais pas pourquoi, j'ai toujours plu aux mamies. Bien que je me sente plutôt en phase avec mon siècle, je dois malgré moi véhiculer les valeurs de l'homme d'il y a quarante ans. Ce doit être mon côté Charles Ingalls.

Je me souviens de cette septuagénaire de Montpellier que je rencontrai un jour. Elle savait tout de moi jusqu'au prénom de ma mère (Régine, le même que le sien, faut dire) ! Elle habitait à côté du stade qu'elle voyait depuis sa fenêtre et avait attendu devant notre bus comme une gamine de dix-sept ans.

Dans la galerie des supporters, j'ai un peu connu de tout. À mes débuts à Dax, j'ai passé du bon temps avec « Tsss ». « Tsss », c'était le surnom donné à un supporter qui riait en permanence d'un rire communicatif au son bizarre : quand il riait, ça faisait « Tsss ». Il devait, je pense, avoir grandi sur la planète Mars. Il avait tout le temps un casque gaulois. Il nous a bien fait marrer. Son plaisir, c'était de venir déconner avec les joueurs. Dans les Landes, on a le sens de la fête…

Graulhet comptait également beaucoup de fidèles, lesquels semblaient avoir pris leur place le jour de la construction du stade. Il y avait également un personnage, dans un autre style que « Tsss ». Lui se plaçait toujours à l'angle gauche de la sortie des grilles menant des vestiaires au terrain. Il attendait que les deux équipes émergent. Je ne sais pas ce qui lui prenait alors, mais il se transformait, se mettant instantanément à insulter nos adversaires avec des mots que je ne peux répéter ici. C'était plus folklorique que méchant… Jusqu'à la fin des années 90, ces supporters pittoresques faisaient partie du décor.

La professionnalisation et la médiatisation aidant, les affluences ont crû de manière exponentielle. J'ai connu le temps où, au Stade Toulousain, un bon derby attirait 4000 personnes et où les joueurs servaient à boire aux supporters après les matches. Aujourd'hui, il n'y a pas un match à moins de 15000 personnes. Face à cette audience grandissante, les joueurs passent parfois pour des autistes. Mais on ne peut malheureusement pas donner à 500 comme on donnait à 10 !

D'autant que dans le flot de ce nouveau public, on croise moins de bérets au regard connaisseur que de groupies telles que celles qui suivent les footballeurs ou les artistes. Je n'ai jamais compris comment on peut être « fan » à un point dépassant la raison. J'ai toujours joué par passion, pas pour faire rêver. Et quand je rentre chez moi, je suis juste un homme et un père de famille comme d'autres !

Je mets les enfants à part de cette réflexion. Un jour, Gérald Passi, footballeur international du TFC, était venu à Mazères rencontrer les gamins du club. J'avais moi-même les yeux grand ouverts et lui avais fait signer un autographe. Mais j'avais onze ans. Ce qu'on peut comprendre d'un gosse qui a les rêves qu'il peut, on peut difficilement l'accepter de certains adultes.

Contrairement à des play-boys tels que Dominici, Castaignède ou Clerc, je n'ai jamais été suivi jusque chez moi par des midinettes. En revanche, un jour, c'est toute une famille qui a débarqué devant ma porte ! Au départ, les gens m'avaient écrit une lettre à laquelle j'avais renvoyé une réponse type. Grâce au tampon de l'affranchissement, ils ont su où j'habitais à peu près. Profitant d'un départ en vacances dans le Midi, ils avaient, depuis Reims, fait un détour de 500 kilomètres. Après s'être renseignés à la poste de Montastruc près de chez moi où on leur dit où je demeurais, ils vinrent sonner à la maison ! La première fois, je devais être occupé à autre chose, je ne répondis pas. L'heure d'après, ils étaient revenus ! Je ne les accueillis pas bien, les pauvres, mais j'étais tellement surpris ! Dans un entretien paru dans un magazine peu après, j'évoquai cette anecdote en même temps que les effets pervers de la médiatisation. Que n'avais-je pas fait ! Je reçus par la suite une lettre de la maman. Elle trouvait mon attitude « inadmissible », alors que toute la famille avait fait un détour de 500 kilomètres pour me voir. Pour le coup, j'avais pris ma plus belle plume et tenté de noyer un peu le poisson…

47

Bernard-Fabien, Fabien-Bernard

C'était au Lido, à Paris, à l'occasion d'une cérémonie de remise de médailles. La Coupe du monde 1999 était encore toute chaude. Non loin de moi était assis le nouveau sélectionneur du quinze de France, nommé depuis peu : Bernard Laporte. De lui, je ne connaissais que l'entraîneur du Stade Français, sacré champion de France un an plus tôt. Sa réputation d'homme de caractère, de défis, et sa gouaille légendaire qui l'avait fait connaître au grand public via les micros et les caméras de TF 1.

À un moment de la soirée, Bernard me prit à part et me dit : « J'aimerais que tu sois mon capitaine. » Ma première réaction fut de le remercier pour sa confiance et l'honneur qu'il me faisait. Comment ne pas ressentir de la fierté à l'idée de mener l'équipe de France ? Sauf que ce quinze tricolore avait déjà un capitaine et que ce capitaine était mon ami : Rafa Ibañez. J'étais mal dans mes baskets. Rafa sortait d'une finale de Coupe du monde durant laquelle il avait été exemplaire. Il pouvait légitimement être reconduit.

Bernard me demanda de garder sa décision secrète jusqu'à l'annonce officielle. Je respectai cette requête même lorsque, quelques temps plus tard, je croisai Rafa... J'étais mal à l'aise vis-à-vis de lui, et, au fond, tout autant avec la manière dont les choses se passaient. Sans me le dire, Rafa sentit ma gêne.

Il ne me l'avoua qu'après coup. Il n'avait alors pas seulement perdu le brassard mais également sa place de titulaire. L'explication fut saine et franche. Je n'avais pas intrigué, j'avais juste donné ma parole à Bernard. Rafa l'avait bien compris. J'étais soulagé. Nous n'en parlâmes plus jamais.

48

Le jour où Bernard Laporte est devenu international

Quelques semaines après la Coupe du monde, le Tournoi 2000 avait quelque chose d'une rentrée scolaire de collégiens. Bernard Laporte avait conservé l'ossature des mondialistes et nous étions heureux de nous retrouver, impatients d'en découdre selon des codes et des automatismes construits depuis deux ans. Sauf que le « prof » avait changé ! Nous sortions d'une période dirigée par deux grands anciens de l'équipe de France, Jean-Claude Skrela et Pierre Villepreux, deux « sages », rompus à la pédagogie, dont le credo était le mouvement général et l'autonomie des joueurs. Et voilà que nous avions désormais face à nous un sélectionneur prônant un jeu complexe, très programmé et qui nous faisait chanter *La Marseillaise* à la remise des maillots ! Nous n'avions jamais vu ça !

Sur la lancée du Mondial, le premier match au pays de Galles s'est bien passé. Nous avons laminé les Gallois à Cardiff, ce qui augurait de beaux jours. La dynamique fut toutefois rompue dès la rencontre suivante face à l'Angleterre au Stade de France. En fait, nous avions du mal à nous faire au discours du nouveau sélectionneur. Bernard avait plein d'idées, pour beaucoup très intéressantes, mais il peinait à les adapter au timing réduit de la scène internationale, quand elles n'étaient pas submergées par un trop plein de passion et d'attitudes excessives. Il ne parlait pas, il criait ; il ne communiquait pas, il déclamait ! Il s'emballait très souvent, pouvait pourrir un joueur à la mi-temps d'un match. Après la défaite face aux Anglais, j'allai en parler avec lui. Il devait se montrer plus positif, notamment durant les pauses, trouver un meilleur équilibre entre critiques et encouragements. Cela ne nous empêcha pas de nous incliner à nouveau au Stade de France face à l'Irlande.

L'élan des débuts était déjà coupé et il fallut de longs mois pour le retrouver. Ce Tournoi 2000 laissa un goût bizarre. On avait changé d'ère, Bernard Laporte avait pris possession des lieux. Flottait aussi l'impression que c'est lui qui était devenu international…

49

Ma deuxième famille

Prendre son sac et rejoindre son équipe de rugby, c'est quitter sa famille pour une autre. Pas toujours facile pour ses proches, de le comprendre et de l'accepter…

Dans cette deuxième famille, il n'y a que des hommes partageant une même passion, un sport de combat difficile où l'on a besoin de l'autre, un sport fait de rituels, imprégné d'une culture très forte. Il peut y avoir de la jalousie, mais aussi une formidable solidarité. Dès l'enfance, on part en déplacement en bus à plusieurs équipes contrairement au football où chaque équipe, vivant un peu sa propre vie, part en voiture avec les parents. Le culte du groupe naît de ces premiers voyages initiatiques. Le soutien dont on a besoin sur la pelouse trouve son parallèle au quotidien.

Ce fut le cas lors de ce Tournoi 2000. Pour mon premier capitanat sous l'ère Laporte à Cardiff, le deuxième ligne Legi Matiu venait de perdre sa fille une semaine plus tôt. Mais c'était sa première cape, il avait tenu à l'honorer, au nom de sa petite. Au nom de la vie qui devait continuer... J'avais décidé de ne pas du tout évoquer ce drame, que ce soit d'une façon ou d'une autre. Nous étions tous touchés, je n'avais pas jugé opportun d'en rajouter. Même pour témoigner notre soutien à Legi, c'eût été indécent.

On se resserra de la même façon, sans mots, six ans plus tard, lorsque, alors que nous étions à peine arrivés en Afrique du Sud, son pays d'origine, Pieter De Villiers apprit le décès de son frère. Malgré les circonstances tragiques, Pieter voulut tenir son poste. Aujourd'hui encore, je me demande comment il y parvint…

Je me souviens moi-même avoir dû aller jouer un match à Narbonne après avoir enterré ma grand-mère paternelle le matin. Celle-là même qui m'avait trouvé moche – « pas terrible », avait-elle remarqué – sur ma première photo dans le journal bien des années plus tôt. Dans ces moments mêlés de tristesse et de fatalité, la vie submerge le rugby, elle reprend la main. C'est alors que le destin ne fait plus rire.

50

Une étoile est née

Le 19 mars 2000, j'ai vu naître une star. Quand les années défilent, que le crépuscule d'une carrière est là, face à soi, on fait la liste des bonheurs déjà vécus. On jette un œil sur les trophées remportés, on se souvient des adversaires les plus fameux que l'on a affrontés. Parfois, certains nous ont privés de quelques lignes sur le palmarès. Au fil du temps, quand l'histoire grossit leur gloire, les regrets du moment s'effacent au profit du plaisir d'avoir un jour croisé leur route et même d'une forme de fierté d'être tombé les armes à la main face à eux. A fortiori si on était là, aux premières loges, le jour où ils ont « explosé » aux yeux de tous.

J'étais donc là, ce 19 mars 2000, quand Brian O'Driscoll réussit un triplé au Stade de France, nous infligeant, au quinze de France et à moi, son capitaine, une défaite historique quasiment à lui tout seul. À un poste aussi compliqué que celui de centre, il était déjà au-dessus de tout le monde, doté d'une explosivité incroyable lui permettant de se nicher dans les plus petites brèches des défenses adverses et d'en faire des trous béants.

J'ai toujours eu de l'affection pour les Irlandais. Il y a beaucoup de respect entre nous. Leurs racines celtes et leur goût pour les relations humaines s'accommodent bien de nos humeurs latines et, ce n'est pas le moindre des points communs, nous partageons quelques soucis avec les Anglais qui ne datent pas d'hier. Les nombreux banquets, durant lesquels nous ne partageâmes pas que le dédain envers l'encombrant voisin mais aussi quelques pintes amicales, nous permirent de nous rapprocher. Et accessoirement, de passer de très bons moments. C'est plus compliqué de rire aux côtés de Martin Johnson…

Bien qu'il soit mon cadet de quelques années, j'eus ainsi l'opportunité de sympathiser avec Brian O'Driscoll. À chaque fois, nous échangions nos expériences, discutions de la vie des rugbymen en France, en Irlande, et abordions bien d'autres questions.

C'est l'alliage talent, qualités morales et rage de vaincre qui fait un bon joueur. Et c'est sur la durée qu'une étoile filante devient un « grand » joueur. La succession des exploits, dans les moments importants, et les rebonds après des instants difficiles, font entrer un grand joueur dans l'histoire. Neuf ans après, Brian O'Driscoll est non seulement toujours là, mais il a donné en 2009 à l'Irlande le deuxième Grand Chelem de son histoire et au Leinster, la province de Dublin à laquelle il est resté fidèle, sa première Coupe d'Europe.

Je regrette d'avoir perdu face à l'Irlande ce 19 mars 2000. Mais avec le recul, je suis content d'avoir participé, malgré moi, à la naissance d'une légende.

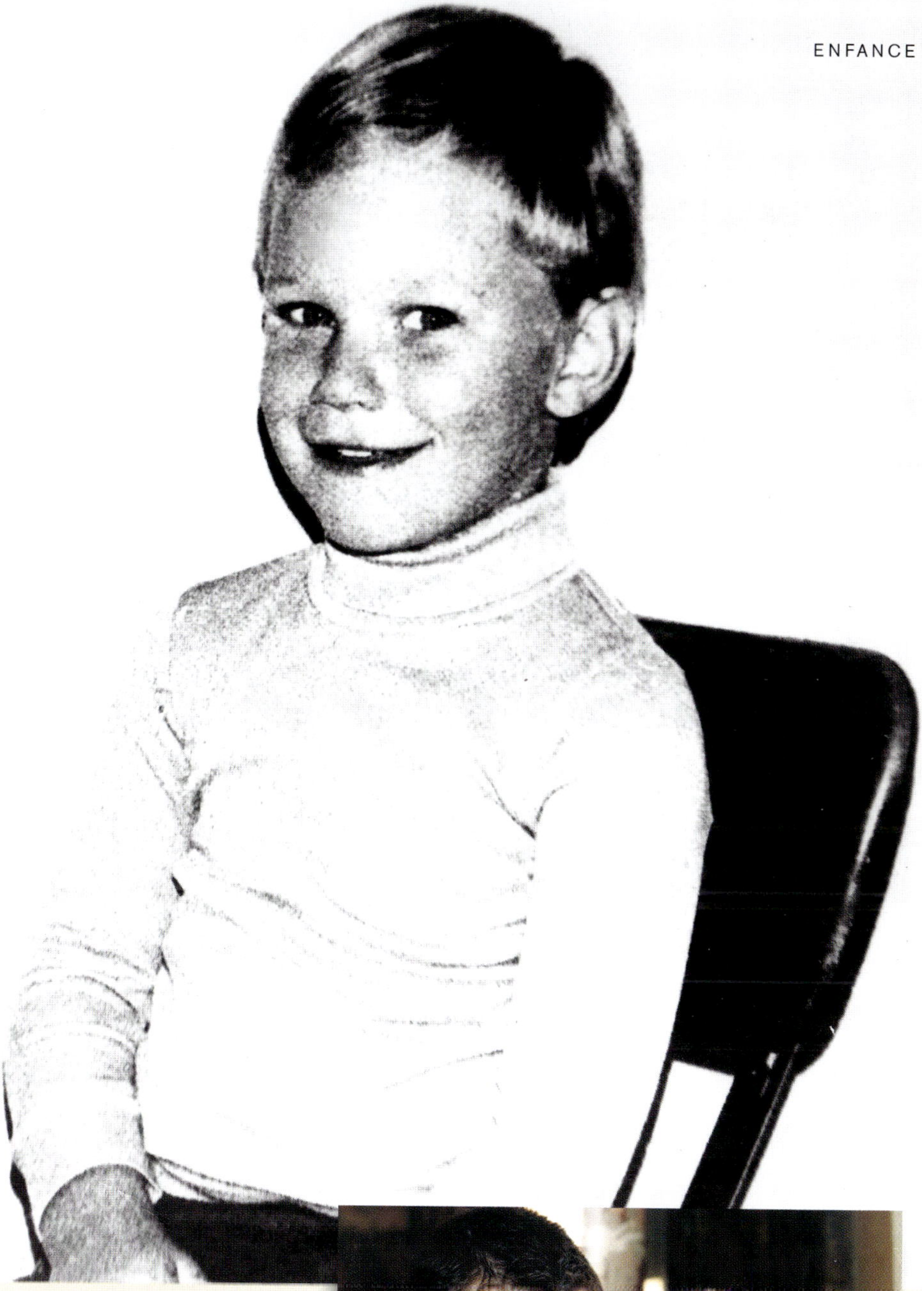

Moi, en noir et blanc, et moi avec Louis, à peu près au même âge, en couleurs, celles de la tendresse d'un père pour son fils. La ressemblance est troublante, non ? Sauf que, à son âge, j'avais encore de belles oreilles, je n'avais pas encore commencé le rugby. Lui gardera les siennes telles quelles : s'il joue au rugby, il mettra un casque. Au moins le temps qu'il obéira à son père…

COLLECTION PERSONELLE

Pierre Cuffy, âme de l'UA Saverdun, toujours prêt à une discussion de rugby, fut l'un des premiers reflets de ma bonne étoile.

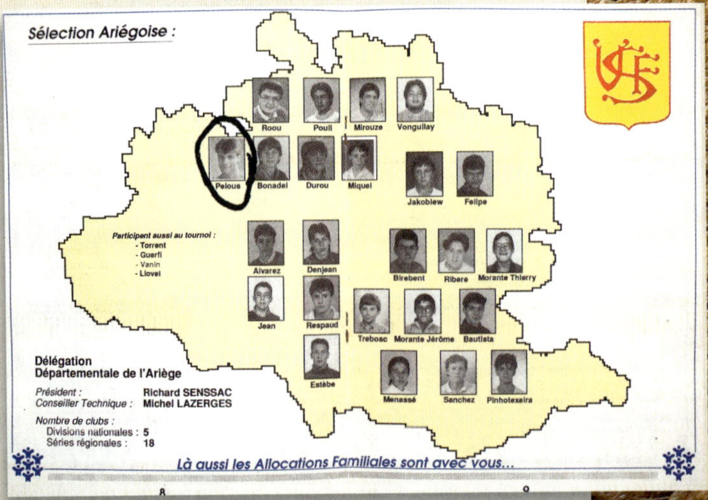

Une première trace dans l'histoire du rugby (locale…).

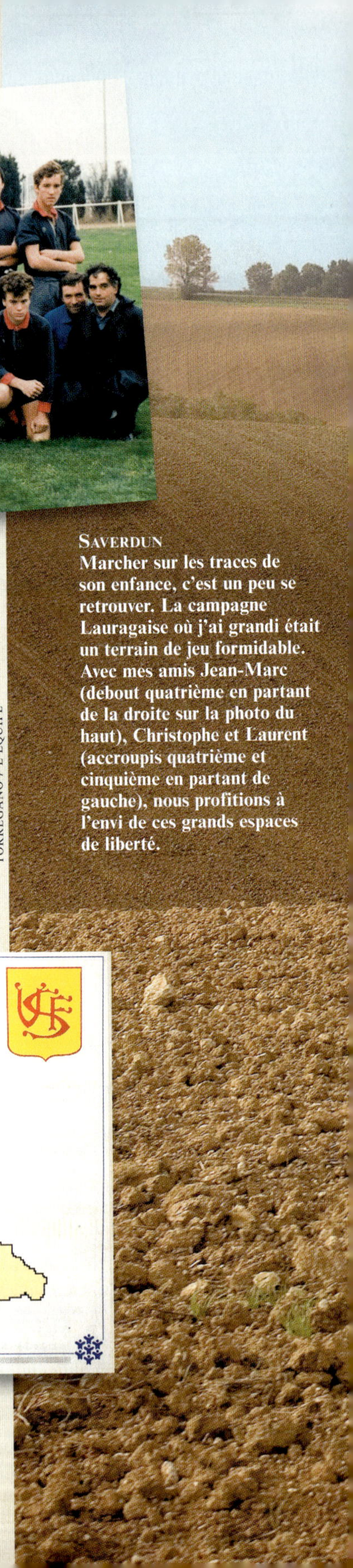

SAVERDUN
Marcher sur les traces de son enfance, c'est un peu se retrouver. La campagne Lauragaise où j'ai grandi était un terrain de jeu formidable. Avec mes amis Jean-Marc (debout quatrième en partant de la droite sur la photo du haut), Christophe et Laurent (accroupis quatrième et cinquième en partant de gauche), nous profitions à l'envi de ces grands espaces de liberté.

COLLECTION PERSONNELLE

Mes parents, au sortir d'un match du Tournoi à l'extérieur. Eux pour qui longtemps les voyages se résumèrent à la semaine annuelle de vacances à Gruissan dans l'Aude, trouvèrent finalement en ma carrière le prétexte à visiter l'Europe.

COLLECTION PERSONNELLE

Sandrine ma sœur cadette et Christophe mon frère nous entourant, Florence et moi, lors de notre mariage.

DR

J'ai eu très tôt la chance de bénéficier de la générosité de quelques-uns. À Graulhet, Maryse Olivier me donna bien plus que le logis et le couvert. Elle eut pour moi l'attention d'une mère. Lui offrir alors un de mes premiers maillots de l'équipe de France juniors était bien le moindre que je puisse faire.

COLLECTION PERSONELLE

GRAULHET. Dans l'effort, l'esthétique n'est pas la priorité… Pourtant les années Graulhet furent aussi belles que peuvent l'être celles d'une jeunesse dorée.

COLLECTION PERSONELLE

Lors d'un banquet du XV de France avec Claude Debat, le mentor du sport-études de Jolimont qui m'a fait comprendre le rugby et ses subtilités. J'éprouve une grande reconnaissance à son égard.

COLLECTION PERSONELLE

Graulhet.
J'y ai appris les vertus du combat face à des joueurs qui avaient l'âge d'être mon père ! Les vertus de l'amitié et de la solidarité aussi...

Sous le maillot de Dax, pour l'apprentissage du haut niveau dans une équipe jeune, bourrée de talent.

COLLECTION PERSONELLE

COLLECTION PERSONELLE

Dax.
France - Galles
Ce match de l'équipe de France juniors à Dax déclenchera un étrange exode massif de jeunes bons joueurs dans les Landes. Notre manager s'appelait Claude Dourthe… Sur cette photo, on voit que Raphaël Ibañez, régional de l'étape, avait déjà du tempérament…

Raphaël, encore, mon compère de carrière, compagnon de route depuis le Creps de Toulouse jusqu'à la Coupe du monde 2007. Nous avons eu des chemins parallèles et fûmes l'un pour l'autre une sorte de fil (bleu, blanc) rouge…

COLLECTION PERSONELLE

1995. Traditionnelle carte postale de groupe du XV de France avant de s'envoler en tournée, en l'occurrence ma première avec les Bleus, lors de la Coupe Latine 1995.

1995.
COUPE LATINE, Roumanie - France
Première sélection face à la Roumanie, première victoire, premier essai : le bonheur. Je ne m'imaginais pas du tout qu'il y en aurait cent dix-sept autres.

CLÉMENT / L'ÉQUIPE

CLÉMENT / L'ÉQUIPE

1995-11-08 14:32 05-98 5 #2

EXPT F.F.R

FÉDÉRATION FRANÇAISE DE RUGBY

9, RUE DE LIEGE - 75009 PARIS
TÉL. : 53.21.15.15
TELEX : RUGBYU 660 787 F
TÉLÉCOPIE : 45 26 19 19

Résidence Sufki Iris
37 Rue Caraille
31100 TOULOUSE

Paris, le 6 novembre1995

DB

F. Pelous
U.S. Dax

FRANCE c/ NOUVELLE ZELANDE
le 11 Novembre 1995 à TOULOUSE

Cher Ami,

J'ai le plaisir de vous informer que vous avez été sélectionné pour faire partie de l'Equipe de France à l'occasion du match :

FRANCE c/ NOUVELLE ZELANDE

qui se déroulera le 11 Novembre 1995 à TOULOUSE.

Vous êtes convoqué le merdredi 8 novembre 1995 à 10 H 30 à l'hôtel SOFITEL CENTRE - 84, Allées Jean Jaurès à TOULOUSE - Tél : 61 10 23 10- Fax :61 10 23 20.

Vous devez vous présenter au rassemblement avec la tenue Equipe France (Blazer marine - pantalon gris - chemise blanche - cravate) ou de ville.

Nous vous rappelons que les extras (téléphone, mini bar, etc...) sont à votre charge. Avant de quitter l'hôtel n'oubliez pas d'en régler le montant.

Vous devrez vous munir :

1°) - De 2 paires de chaussures **ADIDAS** à crampons. Les crampons des chaussures des joueurs doivent être conformes au standard Britannique BS 6366 : 1983. Ils doivent être circulaires solidement fixés aux chaussures et respecter les dimensions suivantes :

- longueur maximum (mesurée depuis la semelle) .... 18 mm
- diamètre minimum à la base .... 13 mm
- diamètre minimum au sommet .... 10 mm
- diamètre minimum de la rondelle qui doit faire partie intégrante du crampon .... 20 mm

Le port d'un crampon simple vers l'extrémité avant de la chaussure est interdit.

2°) - de votre tenue sportive complète **ADIDAS.**

3°) - De vos survêtements **ADIDAS** ainsi que d'une serviette éponge.

Vos frais de déplacement vous seront remboursés à Paris par la Trésorerie Fédérale.

En outre, nous portons à votre connaissance que durant tout votre déplacement, vous

FABLET / L'ÉQUIPE

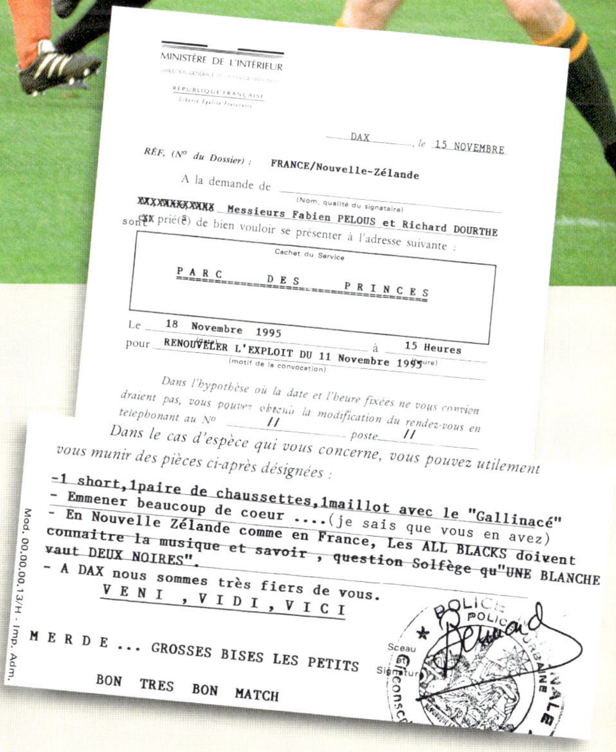

MINISTÈRE DE L'INTÉRIEUR

RÉPUBLIQUE FRANÇAISE

Liberté Égalité Fraternité

DAX, le 15 NOVEMBRE

RÉF. (N° du Dossier) : FRANCE/Nouvelle-Zélande

A la demande de ____ (Nom, qualité du signataire)

XXXXXXXXXXX Messieurs Fabien PELOUS et Richard DOURTHE

sont prié(s) de bien vouloir se présenter à l'adresse suivante :

Cachet du Service

P A R C D E S P R I N C E S

Le 18 Novembre 1995 (date) à 15 Heures (heure)

pour RENOUVELER L'EXPLOIT DU 11 Novembre 1995 (motif de la convocation)

Dans l'hypothèse où la date et l'heure fixées ne vous conviendraient pas, vous pouvez obtenir la modification du rendez-vous en téléphonant au N° // poste //

Dans le cas d'espèce qui vous concerne, vous pouvez utilement vous munir des pièces ci-après désignées :

-1 short,1paire de chaussettes,1maillot avec le "Gallinacé"

- Emmener beaucoup de coeur ....(je sais que vous en avez)

- En Nouvelle Zélande comme en France, Les ALL BLACKS doivent connaitre la musique et savoir , question Solfège qu"UNE BLANCHE vaut DEUX NOIRES".

- A DAX nous sommes très fiers de vous.

V E N I , V I D I , V I C I

M E R D E ... GROSSES BISES LES PETITS

BON TRES BON MATCH

Sceau et Signature

Mod. 00.00.00.13/H - Imp. Adm.

1995. Test-match, France - Nlle-Zélande

Troisième sélection en équipe de France à Toulouse, chez moi, sous les yeux des miens, face aux All Blacks et Zinzan Brooke, un joueur que j'aimais beaucoup. Une référence.

Une référence aussi que ce match, abordé de la pire des façons dans un contexte de conflit ouvert entre les cadres de l'équipe et la fédération. Un grand combat, un geste juste dans la chaîne du collectif et un essai synonyme de joie suprême. Qui fut fêtée comme il se doit… pendant quatre jours !

CLÉMENT / L'ÉQUIPE

1997. Sourire radieux pour mon premier Grand Chelem en 1997 et le dernier match du Tournoi dans ce Parc des Princes que j'aimais tant, après un match énorme contre les Écossais. Je n'ose raconter la fête qui a suivi…

CLÉMENT / L'ÉQUIPE

FRANCOTTE / L'ÉQUIPE

1998. Victoire contre le pays de Galles à Wembley pour un deuxième Grand Chelem d'affilée et l'avènement de la génération Ibañez.

POCHAT / L'ÉQUIPE

1999. Coupe du Monde,
Nouvelle-Zélande - France (demi-finale)
Australie - France (finale)
Victoire et défaite, bonheur et déception, espoir et désillusion, légende et frustration. Deux matches, une semaine d'intervalle et un océan entre les sentiments ressentis.

Avec Zinedine Zidane à la fin des années 90. Un joueur, un homme, que j'ai admiré.

DR

FRANCOTTE / L'ÉQUIPE

2002. Deuxième partie de ma carrière sous l'ère Laporte, avec mon meilleur ennemi Martin Johnson, et encore deux Grands Chelems : celui de mon retour en 2002, celui de mon capitanat en 2004…

DR

DE MARTIGNAC / L'ÉQUIPE

2002.
TEST MATCH, France - Afrique du Sud.
Le plaisir de battre les Springboks pour la première fois, un soir d'automne à Marseille.

ARGUEYROLLES / L'ÉQUIPE

2005. Tournoi des VI Nations. Ma centième sélection… Les Irlandais me laissèrent entrer seul à Lansdowne Road sous les applaudissements du stade ! Sans y penser, je me rapprochais du record de Philippe Sella, une référence de mes vertes années avec qui je partage origines paysannes… et amour du vin !

LAHALLE / L'ÉQUIPE

2007. Coupe du Monde, France - Nouvelle-Zélande (quart-de finale). Quand l'histoire bégaye… Le quart de finale de la Coupe du monde 2007 à Cardiff, comme la demi-finale de 1999, tout aussi surréaliste, furent les fruits de la révolte d'un groupe chahuté… Le bout d'un chemin pour Raphaël Ibañez et moi. Mais le début d'un autre…

LAHALLE / L'ÉQUIPE

DR

La grande épopée avec le Stade Toulousain, et pas mal de trophées soulevés…

2003.
Ma première coupe d'Europe à Dublin face à Perpignan, avec le sentiment d'un travail collectif de tout un club pour en arriver là.

DR

2005.
Rebelote face au Stade Français, cette fois… Blessé au genou, j'étais sorti en cours de match, ce qui m'handicapa nettement pour les festivités et lança une des périodes difficiles de ma carrière.

RONDEAU / L'ÉQUIPE

2008.
Au milieu des joies et des beaux souvenirs, reste une cicatrice : cette finale à Cardiff contre le Munster, le seul match que j'ai le sentiment d'avoir perdu à moi tout seul...
Dur à digérer.

CLÉMENT / L'ÉQUIPE

1999. Mon premier Bouclier de Brennus, ici avec Émile Ntamack lors de notre retour à Toulouse. Ce n'est pas rien de réaliser un rêve d'enfant…

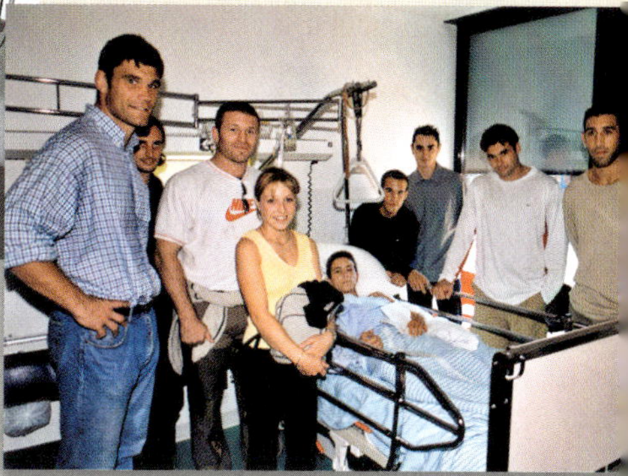

DR

J'essaie de rendre à mon tour l'aide dont j'ai pu bénéficier au long de ma carrière. Je parraine notamment *« Un maillot pour la vie »*. Cette association organise des rencontres entre sportifs et enfants hospitalisés pour permettre à ces derniers de s'évader quelque peu de leur quotidien.

2008. Le dernier des trois boucliers de Brennus remportés avec le Stade ou, cette fois, l'histoire d'une équipe qui maîtrise vraiment son jeu et qui va au bout de sa détermination après la défaite en finale de la Heineken Cup.

RONDEAU / L'ÉQUIPE

2009. Les adieux à Ernest-Wallon. Tout le stade portait un masque à mon effigie. J'éprouvais une sensation étrange. Un mélange de tristesse de quitter une famille et de fierté d'avoir marqué l'histoire du Stade Toulousain.

RONDEAU / L'ÉQUIPE

2009. TOP 14, DEMI-FINALE À BORDEAUX. Le bout du bout, à Bordeaux après la défaite en demi-finale face à Clermont, porté par Yohan Montès et Romain Millo-Chlusky. Il faut partir monsieur, maintenant… Alors, au revoir … et merci.

RONDEAU / L'ÉQUIPE

51
Incident diplomatique

Si mon premier capitanat face à l'Italie en 1997, conclu par une défaite historique, ne m'avait pas réussi, le deuxième ne fut guère plus glorieux. Nous en avions terminé avec ce Tournoi 2000 marqué par deux douloureuses défaites à domicile. En guise de sortie, nous avions cette fois battu les Transalpins mais par un score de Super 14 (42-31). La physionomie de match m'avait laissé sur ma faim. Au banquet, je pris le micro pour le traditionnel discours du capitaine et lançai : « Je suis un peu déçu que nous n'ayons pas marqué plus d'essais face à une équipe comme l'Italie. »

Scandale dans le clan italien. Alors que l'Europe fêtait encore ce premier Tournoi des Six Nations et l'intronisation de la Squadra Azzurra, ma déclaration était sinon désobligeante, pour le moins maladroite. Le président de la fédération, Giancarlo Dondi, poussa son capitaine à répliquer : « Tu ne peux pas laisser dire ça ! »

L'affaire s'arrangea au nom de la filiation rugbystique entre les deux pays, et d'une soirée appelant à finir dignement le Tournoi. Mais on frôla de peu l'incident diplomatique !

52

« Qui m'a tapé dans le tendon ? »

À quoi tient une carrière ? Thomas Castaignède s'est sans doute souvent posé la question… Alors que nous nous échauffions pour affronter les Wallabies au Stade de France ce soir de novembre 2000, Thomas trottinait deux mètres devant le groupe quand, stoppé par une douleur vive, il s'arrêta brusquement et s'écria : « Qui m'a tapé dans le tendon ? »

Personne ne l'avait touché. Il venait de se rompre le tendon d'Achille sur un appui. Tout seul. Ironie du sort, nous nous apprêtions à disputer la revanche de la finale de la Coupe du monde et comme un an auparavant, une blessure le privait du maillot bleu.

À l'époque, il n'avait pas résisté à la pression qui pesait sur lui. Il faut se souvenir. Thomas était en 1999 la seule star du quinze de France, comme Michalak en 2003, comme Chabal en 2007. Pas facile à assumer… Je le revois au cours de la préparation. Lors du stage à Millau où nous avions enchaîné les marches en montagne, escaladé des cols à vélo, il avait explosé mentalement. Ces efforts sont faits pour aller plus loin que le corps ne peut accepter, là où le mental doit prendre le relais. C'était allé un peu trop loin pour lui. Thomas était tellement talentueux qu'il n'avait jamais eu besoin d'aller puiser dans ses ressources. Dans le même temps, le « petit prince », qui avait étincelé Wembley lors du Grand Chelem 1998, était l'emblème peint sur le bus de l'équipe. Il portait en partie le poids médiatique des Bleus. Il voulait absolument jouer à l'ouverture d'une équipe alors encore bancale et critiquée… Le tout s'est traduit par la blessure et un forfait prématuré.

Au final, Thomas n'a jamais eu la carrière en équipe de France qu'on pouvait lui promettre à l'aube de ses vertes années. Le destin a sa part. Mais pas seulement. « Tom » a fait des choix sportifs discutables en quittant Toulouse pour Castres puis pour les Saracens. Peut-être parce que le sportif n'était pas sa priorité. Cela se respecte. Mais fût-il resté au Stade Toulousain, c'est peut-être lui et pas moi qui détiendrais aujourd'hui le record du nombre de sélections en équipe de France.

53
Bienvenue au Vélodrome

Les Wallabies avaient confirmé leur statut de champion du monde une semaine plus tôt. Leur victoire, même étroite, avait souffert peu de contestations. Outre Thomas Castaignède, elle avait fait une victime : Richard Dourthe. Cible de la colère de Bernard Laporte qui lui était tombé dessus durant toute la semaine, Richard était remonté. Cela tombait bien, les All Blacks étaient annoncés pour notre première délocalisation au Stade Vélodrome.

Nous étions impatients de découvrir l'antre de l'Olympique de Marseille, autant que nous étions contents de nous éloigner du Stade de France. Au début, on avait aimé ce stade, mais nous peinions à nous y construire une histoire digne. Il était même devenu maudit, question résultats. Et puis, comparés à ceux du Parc des Princes, cette cocotte minute qui ne demandait qu'à exploser, les spectateurs du SDF, perdus dans l'immensité de l'enceinte évasée, loin du cœur de l'action et des hommes, n'étaient justement, trop souvent, que des spectateurs.

À Marseille, nous espérions trouver une arène à la mesure de notre besoin de soutien, du combat qui nous attendait et de la furie qu'il nécessiterait.

Nous ne fûmes pas déçus. À deux détails près : le vent, ennemi du rugbyman ; et la circulation, ennemi du chauffeur du bus… et de Richard Dourthe. La route du stade était bouchée. J'avais beau lui dire : « Garde ton énergie pour les Blacks », Richard bouillait : « Il va avancer ce bus ! », répétait-il sur un ton de plus en plus agacé.

On arriva dans les vestiaires à quarante-cinq minutes seulement du coup d'envoi. Nous n'eûmes pas le temps de gamberger. À la fin de l'échauffement, Fabien Galthié ordonna : « On n'entre pas tout de suite, on va faire un tour du stade. » Nous en tirâmes une énergie folle. Le public nous soulevait de terre au fil de notre passage. On était bien. Quelques minutes plus tard, comme un an avant à Twickenham, les All Blacks seraient terrassés en un quart d'heure. Et, pendant quatre ans, le Vélodrome resterait une forteresse imprenable.

54
Au bout du rouleau

Le Tournoi 2001 fut terrible. Je le subis de bout en bout, mais je ne pouvais pas le dire : j'étais capitaine. Un capitaine ne peut pas quitter un navire en train de sombrer. Cela me minait l'esprit. Je me sentais responsable. J'étais fatigué. Je ne m'en sortais jamais. Et je le gardais pour moi. Je ne suis pas du genre à me confier. À personne. Je n'avançais plus sur le terrain. Je poussais moins fort, je sautais moins haut, je ne plaquais plus. Mais je savais que ce n'était que physique, que ça reviendrait. Mais quand ?

Défaite en Irlande, défaite face au pays de Galles à domicile : l'équipe de France naviguait à vue et Bernard Laporte aussi. Il n'avait pas son équipe, cela se sentait. Il faisait beaucoup d'essais et beaucoup non transformés à l'image, un an plus tôt de la sélection de Steven Hall, un Sud-Africain de Béziers ne parlant pas français dont nous n'avions pas compris ce qu'il faisait là. Lui non plus d'ailleurs. D'un match à l'autre, l'effectif était bouleversé. Il n'y avait aucune continuité.

Avant de se rendre à Twickenham pour le dernier match, Bernard vint me voir : « Tu vas jouer numéro huit face aux Anglais. » Je n'ai pas pour habitude de contester le choix d'un entraîneur. Alors j'acquiesçai. J'aurais dû refuser. J'étais au bout du rouleau physiquement et je courais à la catastrophe... La catastrophe arriva : défaite historique à Twickenham, quatre-vingt-onze points encaissés sur les deux dernières rencontres. Le tournoi était un naufrage et j'allais le payer.

Deux mois plus tard, je n'étais pas dans le groupe appelé à partir en tournée en Afrique du Sud et en Nouvelle-Zélande. Bernard

Laporte mit les formes : « On compte sur Fabien, mais il a besoin de couper un peu, de se reposer. » Après mon deuxième Brennus conquis avec le Stade Toulousain, qui me fit du bien, il ajouta : « Je suis content pour Fabien… » Comme s'il voulait compenser un peu ma mise au frigo. Cela ne changeait rien pour moi. Pour la première fois depuis six ans, le quinze de France se passait volontairement de moi. Lorsque je vis, devant ma télé, les Bleus gagner à l'Ellis Park de Johannesburg, j'étais content pour eux. Je ne le vivais pas comme une injustice, il n'y a pas d'injustice en rugby. Mais au fond de moi, j'étais vexé, frustré.

Cela me relança totalement. Je pris le chemin de l'entraînement, je redoublai d'efforts. Cet été-là, je me préparai comme jamais je ne l'avais fait, me décidant notamment à être plus assidu à la musculation, exercice qui, si j'ai été très fort des jambes et du dos tout au long de ma carrière, ne m'a jamais enthousiasmé avec mon petit 115 kg au « développé-couché », la référence des rugbymen.

Le début de saison suivant me donna raison. J'étais bien. Je fus rappelé pour les tests de novembre. Satisfaction… et nouveau coup dur : juste avant le rassemblement, je me blessai aux côtes en Coupe d'Europe. Mauvaise spirale. J'étais dans les tribunes du Vélodrome pour assister à la victoire de la France face à l'Australie que je n'avais jamais battue. Un enfer. J'étais mal, comme amputé, de ne pas vivre ça de l'intérieur. Je vivais la même frustration que Rafa Ibañez l'année précédente contre les All Blacks au Vélodrome. J'étais jaloux. Oui, jaloux du moment que les Bleus venaient de passer ensemble et des sentiments communs qu'ils s'étaient créés. Ma motivation en était une nouvelle fois décuplée. Ma bonne étoile me disait que ce n'était pas fini…

55
Le péril jeune

Je n'ai jamais été une sorte de Patrick Sébastien en soirée. Jamais été jusqu'à perdre ma lucidité. D'autant qu'en général, j'étais malade avant ! Et je ne me supporte pas quand je suis en pareil état... Néanmoins, à partir d'un moment, je deviens plus loquace, j'ai la « connerie » gentille. Après la finale gagnée de 2001, le dimanche soir, nous étions au *J'go*, face au marché Victor Hugo à Toulouse. Nous étions tous là avec nos familles. Tout le monde avait envie de profiter de l'instant. Par rapport à 1999, qui avait eu le goût de la première fois, j'étais d'autant plus heureux que, là, j'étais le capitaine.

Au *J'go*, en fait, planait dans l'air la folie communicatrice des derniers nés du Stade Toulousain, la veille au Stade de France : Frédéric Michalak, Clément Poitrenaud et Nicolas Jeanjean. Les deux premiers avaient dix-huit ans. Depuis leurs vertes années à l'école de rugby du Stade Toulousain, ils avaient tout gagné. Deux ans auparavant, lors du titre de 1999, ils avaient été eux-mêmes sacrés champions de France cadets au Stade de France. Finalement, ils n'avaient jamais été confrontés réellement à la défaite. Ils en tiraient une forme d'insouciance troublante, associée à une telle fureur de vivre que celle-ci se diffusait au sein d'un groupe qui en terminait avec la génération extraordinaire des années 90. La clé avec ces jeunes, c'était de trouver l'équilibre : ils avaient besoin d'être rassurés mais, dans le même temps, il fallait préserver et même cultiver leur esprit d'initiative.

L'opposition avec les Clermontois fut serrée. La tension était palpable lorsque nous fut accordée une pénalité à cinquante mètres en face des poteaux.

« Tu te le sens ? », demandai-je à Fred. Après tout, il réussissait de tels coups de pied à tous les entraînements qu'il n'y avait pas de raison qu'il en aille autrement ici. Dans ces moments-là, il y a ceux qui voient les 80 000 spectateurs, le Brennus au bout, et ceux qui ne voient qu'un coup à donner avec sa chaussure au bon endroit du ballon… Ceux qui dédramatisent, ceux que l'événement inhibe et ceux qu'il motive.

« Oui, je le sens », répondit Fred, bien que visiblement pas très rassuré.

Je lui fis alors une petite tape sur la joue et tout en lui lançant un sourire, lui dis :

« Eh bien, vas-y, tape ! »

Le ballon s'envola dans le ciel avec la même allégresse que celle qui animait celui qui l'y avait envoyé. Et il fila entre les poteaux.

Ce titre fut celui d'une jeunesse dorée et de la transmission d'un savoir à la génération suivante. Quant à ce qui se passa le lendemain, dans la nuit toulousaine… Le problème des soirées, c'est que quand on abuse, on ne se souvient pas…

56

Michalak, cible de Laporte

J'ai croisé beaucoup de bons joueurs. Le plus doué d'entre tous fut pour moi Philippe Carbonneau, fauché en plein vol par une grave entorse du genou lors de la préparation à la Coupe du monde 1999. Bernard Laporte aurait adoré avoir « Carbo » sous ses ordres. Mais en cette ouverture de Tournoi 2002, le demi de mêlée s'appelait Fred Michalak. Sur la lancée du sacre avec Toulouse, quelques mois plus tôt, Fred avait connu de prometteuses premières sélections à l'automne... au poste de demi d'ouverture.

Le problème des joueurs polyvalents, c'est qu'ils peuvent jouer partout... ou nulle part. Souvent, ils sont plus talentueux que les autres mais leurs performances peuvent être aussi variables que le nombre de fois où on les change de place. La plupart du temps, ce sont aussi des hommes qui tentent beaucoup. Il faut juste alors qu'ils réussissent. Surtout avec Bernard Laporte.

Bernard a toujours aimé les « gros », dont il se sent naturellement plus proche. Conséquence, il a toujours été plus dur avec les arrières.

La titularisation de Fred à la mêlée face à l'Italie ne fut pas une réussite. Après avoir été « l'ouvreur de demain », on lui demandait de se fixer en numéro neuf. Éreinté par Laporte à l'issue du match, le pauvre Fred ne savait plus où il habitait. Il mettrait beaucoup de temps à revenir... en 10.

Paradoxalement, j'ai toujours aimé jouer avec lui derrière le pack. Contrairement à un Kelleher qui va, certes, faire avancer l'équipe, mais seul et contre tous, Fred a cette faculté à faire jouer les avants. Lesquels lui ont toujours été reconnaissants de ce sens de la gratitude.

Sylvain Marconnet disait de Fred : « Il faut s'en méfier, il est furtif ! Il est là et, pfuitt ! Il est plus là ! » J'ai toujours considéré qu'il valait mieux avoir ce type de joueur dans son équipe plutôt qu'en face. Comme Fred en aura durant sa carrière, à l'image de ce petit côté de génie face à l'Australie en 2004, ces gens-là sont sujets à des moments d'inspiration qui peuvent décider du sort d'un match.

Il a aussi connu des trous d'air, comme à son retour d'Afrique du Sud qu'il n'a pas encore digéré.

On a souvent voulu en faire un Wilkinson français. Sauf que Fred n'est pas Jonny. Pas la même chance au départ, pas le même caractère, pas le même parcours ensuite... Fred, il fallait l'aider, l'accompagner. Ce qu'il réclamera après les Coupes du monde 2003 et 2007 en réponse aux reproches sur son jeu au pied. Il attend encore...

« Furtif », Fred Michalak l'est aussi en dehors du terrain. Les rassemblements avec lui relèvent parfois plus de la colonie de vacances. Blagues sous les tables, moutarde dans les chaussures, chambres retournées... Il lui arriva même de chiper mon portable et de changer le message de ma boîte vocale parodiant ma voix, du genre :

« Bonjour, vous êtes bien sur la messagerie du Président de la fédération, je suis parti me faire raboter le menton... »

Mais, au fond, je dois l'avouer, je n'ai jamais été très objectif quant à Fred : s'il y a eu, et il y aura toujours, du respect entre nous, il y a aussi beaucoup d'affection en ce qui me concerne. Et quand je réfléchis à son avenir, je le vois bien, un jour, capitaine de l'équipe de France à 7, championne olympique pour le retour du rugby aux JO. À défaut de rêver soi-même, on a bien le droit de dessiner des rêves pour les gens qu'on aime bien.

57

Le poids des maux, le choc d'une image (et d'un bon plaquage)

Remis de ma blessure aux côtes de l'automne 2001, j'avais donc été rappelé en équipe de France pour assister aux débuts difficiles de Fred Michalak à la mêlée dans le Tournoi 2002. Mais j'étais encore remplaçant. David Auradou et Olivier Brouzet planaient alors sur la deuxième ligne tricolore. Je devais (re)faire mes classes.

Avant le match face à l'Italie, Bernard Laporte m'avait demandé de prendre la parole à la remise des maillots. J'en profitai pour affirmer ma motivation : « Je ne suis pas là pour dépanner, dis-je aux joueurs, je suis là pour redevenir titulaire. J'espère que tout le monde est dans le même état d'esprit. »

Il me fallut quand même trois matches pour retrouver une place dans le quinze de départ. Trois matches, un forfait de « Bibi » Auradou… et une image forte qui allait passer en boucle sur les télés de France et d'Angleterre.

Après deux victoires compliquées face aux Italiens et aux Gallois, le quinze de la Rose de Clive Woodward s'avançait en effet au Stade de France. Ce fut probablement le match le plus accompli de l'ère Laporte. Quel contraste avec le Tournoi 2001 ! Cette fois, Bernard avait trouvé ses hommes avec notamment une charnière Galthié-Merceron très au point. Le jeu était maîtrisé par Fabien. Tout au long du mandat de Bernard, Fabien serait le capitaine le plus impliqué dans les décisions, jusque dans celles touchant à la composition de l'équipe, ce que pour ma part j'ai toujours refusé. Fabien, lui, était déjà entraîneur dans sa tête…

Ce France-Angleterre fut l'un des plus beaux matches de cette année-là sur la planète rugby. Nous rivalisions partout. Pieter De Villiers et Jean-Jacques Crenca étaient au top, la troisième ligne avait trouvé son équilibre avec l'éclosion d'Imanol Harinordoquy et la plénitude de Serge Betsen s'ajoutant à l'expérience d'Olivier Magne. Derrière, Tony Marsh avait donné une assise à toute la ligne.

Je n'entrai qu'en cours de match, le temps de désosser le pilier anglais Graham Rowntree sur un plaquage. L'image passa en boucle sur tous les écrans. Bien malgré moi – qui n'avais participé qu'en partie au succès –, elle symbolisa la victoire : la France avait renversé l'Angleterre. Et moi j'avais récupéré ma place. Place que je ne céderai, à nouveau sur blessure, que trois ans plus tard, pour la deuxième période creuse de ma carrière…

En attendant, ce Tournoi 2002 se conclut en apothéose face à l'Irlande au Stade de France. Une orgie d'essais qui rappela 1997 et 1998. Ce troisième Grand Chelem, bonheur collectif mais tronqué à titre personnel, n'avait pas la même saveur que les deux premiers. Quelques années plus tard, je me demande si ce 2 mars 2002, sommet de l'ère Laporte, ne fut pas aussi le début de la descente. Même dans les belles victoires, dont certaines fameuses, que nous vécûmes ensuite, jamais nous n'atteignîmes ce niveau de maîtrise et d'équilibre.

58
Orage de pruneaux

Je n'ai vu qu'une fois Guy Novès en vouloir à ses joueurs. En cette saison 2001-2002, la plus mauvaise du Stade Toulousain de l'ère moderne sur le plan des résultats, nous n'y étions pas. Éliminés dès les matches de poules en Coupe d'Europe, nous vivotions en Championnat. Nous étions disciplinés comme nous le demandait le staff, notre jeu était propre, mais il lui manquait l'agressivité et l'explosivité qui lui donnent d'ordinaire toute sa dimension. Nous étions gentils…

C'est drôle comme les clichés masquent parfois l'essentiel. Le jeu du Stade Toulousain est comme le *French Flair*. On n'en voit que le sens de l'initiative, la technique ou la vitesse des arrières combinées au soutien permanent et on oublie que ces éléments ne sont que les fleurs d'une plante dont les racines ne prennent qu'au prix d'un terrible combat d'avants.

Prétendre que le rugby commence devant est un euphémisme. Il commence même en première ligne. Le Stade Toulousain n'a pu déployer son jeu que lorsqu'il a compté dans son équipe des piliers forts. Or, cette année-là, Christian Califano s'était expatrié en Nouvelle-Zélande et Franck Tournaire était déjà aussi un peu parti dans sa tête (il signerait à Leicester à l'intersaison). Nos fondations étaient fragilisées et il nous faudrait du temps pour retrouver une première ligne crainte.

Agen l'avait bien compris au moment de nous affronter en demi-finale à Montpellier. Cette saison-là, le SUALG avait une équipe dure, presque violente, armée pour pourrir des formations joueuses telles que la nôtre. Sur la pelouse de la Mosson, les Agenais nous fracassèrent à l'ancienne, sur les fondamentaux du rugby. Au coup de sifflet final, les têtes étaient basses. Il n'y a rien de plus humiliant quand on est joueur de rugby que de perdre pour avoir échoué sur l'engagement physique.

Je vis bien que Guy était autant sinon encore plus vexé que nous. À travers cette rencontre, il avait aussi livré un match plus personnel, face à son homologue Christophe Deylaud, ex-icône stadiste pour qui il fut plus un grand frère qu'un entraîneur pendant des années avant que leurs relations ne se ternissent sur la fin, provoquant le départ de Christophe vers le Lot-et-Garonne. À ses yeux, nous nous étions échappés, et lui avec... C'était un peu excessif, sans doute, mais pas injustifié. Nous aurions l'occasion bientôt de regagner son estime et son respect en éliminant Agen un an plus tard au même stade de la compétition et au même endroit.

59

Les taxis de Buenos Aires

Auréolés de notre Grand Chelem, nous prîmes en juin le départ pour une tournée qui devait nous mener en Argentine et en Australie mais qui, finalement, ne nous mena pas loin… du ridicule.

Ce n'est qu'à moitié de notre faute. À une heure du coup d'envoi du premier test, à Buenos Aires, le bus était toujours en panne devant notre hôtel. Nous décidâmes d'appeler des taxis à la rescousse. Et nous voilà par lot de deux, trois ou quatre, selon les tailles et les poids, nous engouffrant dans un moment surréaliste.

À trois-quarts d'heure du coup d'envoi, nous étions en train de deviser avec le chauffeur du taxi de l'engouement pour le rugby dans le pays, ou de ses préférences au foot entre Boca Juniors et River Plate, les deux clubs phares de la capitale argentine… Évidemment, une fois arrivés au stade, ni nous ni le taxi ne savions où nous poser ! Non sans peine, on retrouva finalement notre chemin et nos partenaires. Mais pas tout notre esprit : pour la première fois dans ma carrière, bien que nous ayons maîtrisé le match, nous nous inclinâmes face aux Pumas. D'un point. Un petit point qui me laissa alors penser qu'il ne s'agissait là que d'un accident, un léger accroc. Je n'avais pas encore réalisé combien l'Argentine tenait là une génération dorée, qui allait d'ailleurs nous causer bien des soucis par la suite.

La défaite eut le don d'énerver Bernard Laporte qui, à partir de là, resserra l'étau autour du groupe et profita du moindre détail pour durcir le ton. En Australie, (où, enfin, je vis un kangourou), il jeta son dévolu sur quelques pauvres saucisses que les arrières engloutissaient au petit-déjeuner.

« Arrêtez de manger ces saucisses, ça va vous péter les cannes ! », hurlait-il.

Des cannes, j'en avais encore à l'époque, ainsi que je pus le démontrer sur une ou deux actions (dont un essai ; si, si !) face aux Wallabies. En revanche, je commençai à payer les efforts fournis pour revenir en 2002. Je finis la tournée avec des vertiges... Nous fîmes deux très bons matches – perdus de peu – en Australie, mais nous terminâmes la tournée sans une seule victoire.

Et quand on sait aujourd'hui qu'elle ne tint peut-être qu'à une question de transports en commun et de quelques saucisses un peu lourdes à digérer, voilà qui remet sans aucun doute en cause la nécessité d'analyser certains résultats pendant des heures et des heures...

60

Carpe Diem

Les Néo-Zélandais sont inspirés, les Australiens sont organisés, les Sud-Africains sont… des brutes épaisses. Les affronter m'a permis de réviser régulièrement mes cours d'anatomie : après les avoir joués, j'avais toujours un nouvel os ou un nouveau muscle endommagé. Comme s'ils jouaient avec quinze avants irlandais, en plus costauds et plus rapides, ils concassent, démontent, démolissent… Mais contrairement aux All Blacks ou aux Wallabies, qui ont la technique ou l'intelligence collective pour se sortir des mauvais pas, si les Boks sont pris physiquement, ils peinent à trouver une alternative. Or, 2002, c'était l'époque où nous rivalisions à nouveau dans ce domaine avec les sudistes. Nous avions rattrapé le retard enregistré dans les premières années du professionnalisme. Et nous le savions.

J'ai ainsi gardé en tête une photo de ce match à Marseille face à l'Afrique du Sud. Une photo de joie, sur la pelouse. Une joie sereine et profonde. Même si cela n'avait été ni un grand match, ni une grande équipe d'Afrique du Sud, je venais de battre les Boks pour la première fois. Un an avant, j'étais dans les tribunes, à gamberger… Ce n'était plus qu'un mauvais souvenir. Alors, face aux 60 000 supporters restés fêter la victoire dans le stade et qui ne demandaient qu'à faire durer le plaisir, j'ai dit à La Brouze : « Viens, j'ai envie de rester sur le terrain. Je veux en profiter. »

61

Une pénalité à 20 000 euros

Cet automne 2002 ne se termina pas sur le feu d'artifice espéré. Dans les jours précédant le dernier match face au Canada, nous avions préparé tout un dispositif pour faire de cette rencontre un grand spectacle offensif. Sauf qu'il tomba des cordes durant toute la partie... Nous dûmes la seule action d'envergure à un ramasseur de balles zélé qui, avant la touche qui fit mouche, sécha le ballon avec amour.

Et puis qui sait ? Peut-être avions-nous encore en travers de la gorge cet incident de jeu survenu au même endroit une semaine plus tôt face aux All Blacks. Le grand écran du Stade de France affichait France 20 - Nouvelle-Zélande 20. Il ne restait que quelques secondes à jouer. Après une belle victoire sur l'Afrique du Sud début novembre, un deuxième succès face à une nation majeure sudiste nous tendait les bras : François Gelez n'avait plus qu'à passer cette pénalité. Trente-cinq mètres, légèrement à gauche des poteaux. Facile pour un buteur de ce calibre. L'Agenais posa son ballon avec attention, prit ses pas d'élan minutieusement. Il était concentré. Il s'élança. Il ne pouvait pas la manquer. C'était gagné.

Mais avant même qu'il l'ait touché, comme sur le ralenti d'un boxeur K.-O. chutant de toute sa hauteur, le ballon chavira, bascula et tomba. Incompréhension du buteur, réaction de l'adversaire. Fin du match.

Au fond, cela ne changeait pas grand-chose : nous avions fourni une belle prestation. Mais nous n'avions pas gagné. Le soir, François Gelez fut copieusement chambré par toute la troupe. Il paya une tournée. « Je peux bien faire ça », sourit-il. On acquiesça, comme pour dire qu'il pouvait aussi en offrir une deuxième, cela ne nous gênerait pas : avec cette pénalité jamais tentée, la prime de 20 000 euros s'était envolée. Je n'ai jamais joué au rugby pour l'argent, mais 20 000 euros, quand même...

62

Pipolisation

Je sais bien que, par le passé, Dédé Boni, Jeannot Gachassin, Jo Maso ou, plus tard, les Chelemards de 77 ou la génération showbiz du Racing, amusèrent ponctuellement le Tout-Paris de la fête. Mais, enfin, on restait alors, plus ou moins, dans le folklore régionaliste. C'est après la victoire face à la Nouvelle-Zélande lors de la Coupe du monde 1999, suivant les traces du phénomène déclenché par les footeux de 1998, que la « pipolisation » atteignit le rugby. Celle-ci franchirait même un nouveau palier avec le Stade Français et son calendrier, les grands matches délocalisés... De Dominici dans le jury de Miss France, à Chabal aux Enfoirés en passant par les défilés de mode de Michalak, de nouveaux codes sont apparus. De nouveaux risques, aussi...

Ces risques tiennent dans l'excès inhérent au rugby et à sa troisième mi-temps, que le professionnalisme a certes rendue plus mesurée et moins fréquente mais n'a pas fait disparaître, bien heureusement ! Tant qu'un joueur dansait à poil sur les tables au banquet suivant un match du Tournoi ou dépassait l'acceptable en soirée, ce n'était pas très grave ; on était en famille. Au point que les dirigeants ne se décidaient à envisager de blâmer le coupable qu'après avoir fini d'en rire. Et ça pouvait prendre plusieurs années, la présence médiatique et les moyens de communication n'étant pas alors ce qu'ils sont devenus...

Aujourd'hui, chaque fois que cette tradition venue du rugby « d'hier » rencontre la société du XXIe siècle, c'est un peu le choc de deux plaques tectoniques. Éruptions volcaniques, tremblements de terre... Bien avant « l'affaire Bastareaud » qui a fait couler beaucoup d'encre depuis le mois de juin 2009, le premier cas d'excès « moderne » nous sauta à la face juste avant le Tournoi 2003 : Pieter De Villiers avait été contrôlé positif à l'ecstasy.

Ce fut un choc pour les joueurs. J'étais pour ma part animé d'un double sentiment. D'un côté, j'avais du mal à croire qu'il l'avait fait délibérément, tellement c'était idiot; or Pieter est tout, sauf un imbécile; et en même temps, même se faire prendre involontairement, c'était quand même tout aussi idiot!

Je découvris à cette occasion l'art de la communication. Il y avait deux axes : condamner son geste ou soutenir l'homme coûte que coûte.

Bernard Laporte fit les deux : il reconnut que Pieter avait fait une connerie mais il le soutint. Et pour cause, il avait besoin de récupérer très vite ce formidable joueur de rugby! À l'inverse, Guy Novès rétorqua que si un joueur du Stade Toulousain avait commis la même erreur, il l'aurait exclu du club avec perte et fracas. Je comprends les deux points de vue. S'il faut se positionner, je me placerai par principe du côté de l'homme, mais j'admets qu'on puisse attendre autre chose d'un sportif, en particulier d'un rugbyman. Au regard de la société, les rugbymen professionnels, privilégiés, ont un devoir d'exemplarité qu'ils n'avaient pas, ou avaient moins, lorsqu'ils s'entraînaient deux fois par semaine et avaient un boulot à côté. Ce qui amusait hier énerve aujourd'hui et ce que la société pardonnait, elle le condamne.

Le pénible dans cette affaire, c'est qu'au fond, il ne s'agissait que d'un excès dans l'aspect festif du rugby mais que cela avait des conséquences énormes pour le joueur et pour l'image du rugby... C'était en plus à l'époque où, depuis les Sud-Africains de 1997, le doute planait sur la capacité du rugby à se protéger du dopage. On parlait alors beaucoup de la créatine...

Les valeurs dont se revendique le rugby et qui font sa différence ne sont pas usurpées. Il n'y a aucun sport qui, dès l'enfance, véhicule autant la solidarité et aide à ce point à se construire socialement. Mais comme il a aussi fait de ses valeurs son fonds de commerce, chaque fois qu'il les compromet, ceux qui n'y croient pas se chargent de lui retourner au visage ses contradictions. Ce sont alors ses fondations qu'il fragilise...

63

C'est la lutte finale !

Je me souviens qu'outre le cas de Pieter De Villiers, un autre dossier extra-sportif animait les conversations au début de ce Tournoi 2003. À quelques mois de la Coupe du monde, on parlait beaucoup gros sous, primes des joueurs et indemnités pour les clubs.

Je n'ai jamais été foncièrement syndicaliste. Mes parents avaient certes été ouvriers – agricole pour l'un, ouvrière tout court pour l'autre –, mais je n'avais pas grandi sur fond de lutte des classes. Dans notre kolkhoze VVF, les relations avec le « Patron », M. Trigano, n'avaient rien d'un rapport de force. On était plutôt dans le management paternaliste. Pour autant, je n'ai jamais renié l'utilité du syndicalisme, seule manière pour les salariés de parler d'une seule voix et ainsi de contrebalancer les super pouvoirs des patrons. Pour peu qu'on ne provoque pas une réunion du comité d'entreprise chaque fois que la machine à café est en panne...

Au début des années 2000, les joueurs avaient bien besoin de cette voix unique pour faire valoir leur force. Les internationaux notamment. Lors de mon premier Tournoi comme capitaine en 2000, j'avais poussé à la création d'un club des internationaux. Je souhaitais que chaque joueur sélectionné paye une cotisation qui permette de financer le travail d'un avocat chargé de défendre nos intérêts dans le cadre de la charte des internationaux. C'était le seul but, mais accessoirement, il y avait une raison plus personnelle : je ne voulais pas me retrouver, comme cinq ans plus tôt Philippe Saint-André et Laurent Bénézech (qui l'avait payé de sa carrière), au milieu d'un conflit avec la FFR dont j'aurais été à la fois juge et partie.

Finalement, Serge Simon, président de Provale, le syndicat des joueurs de rugby, et Serge Blanco, président de la Ligue, parvinrent à me convaincre d'intégrer Provale. Une section « joueurs internationaux » fut fondée. Cela nous déchargea totalement de ces problèmes et on ne connut plus par la suite de « jurisprudence Bénézech ». Cette intégration nous permit de structurer notre fonctionnement, nos revendications et, souvent, d'obtenir gain de cause. Il était grand temps. Si, dans le passé récent, nous avions par exemple reçu 45 000 euros pour une Coupe Latine, somme énorme, en revanche, nous accusions dans l'ensemble un retard évident sur nos collègues des autres nations majeures. À l'époque, même les sélectionnés italiens touchaient plus que nous !

On dut batailler ferme pour faire accepter le principe de la prime à la sélection et de la prime au résultat. Le rugby générant alors des revenus exponentiels, il était hors de question, de mon point de vue en tout cas, d'évoluer devant 80 000 personnes et des millions de téléspectateurs, de subir de plus en plus de pression, sans que les acteurs principaux ne soient rémunérés autrement qu'à travers des sommes modiques.

Les clubs reprochèrent, et reprochent encore souvent, à Provale de parler beaucoup des internationaux sous le prétexte que « ces joueurs ne représentent qu'un tout petit pourcentage du nombre total de rugbymen professionnels ». Certes, mais l'argument n'est pas recevable. Non seulement Provale est dans son rôle lorsqu'il défend l'ensemble des joueurs, qu'ils soient internationaux ou non, mais surtout ces internationaux constituent souvent les attractions remplissant les stades. Même si des salariés à plus de 200 000 euros la saison, je reconnais que ça tranche des camarades syndiqués habituels...

64

Ici Londres…

Les soucis narcissiques du sportif de haut niveau sont parfois bien dérisoires au regard de ce qui se passe parallèlement autour de lui. Pendant ce Tournoi 2003, le monde avait les yeux rivés sur l'Irak, Bagdad était à feu et à sang et, partout ailleurs, on manifestait contre ce conflit. Nous, comme toujours, nous préparions nos matches comme si chacun d'entre eux était la chose la plus importante de l'Histoire depuis la disparition des dinosaures. Et comme si le seul risque que la terre s'arrête de tourner résidait dans un éventuel mauvais résultat.

Lorsque nous nous rendîmes à Twickenham, la guerre n'avait pas encore éclaté. En revanche, événement capital pour l'avenir de la planète, le pilier anglais Jason Leonard allait passer la barre des cent sélections. Personnage fort sympathique et très respectable, mais déjà sur la fin de carrière depuis un moment, cet ancien charpentier allait finalement être amené par le quinze de la Rose à 114 sélections à grands renforts de cinq minutes par-ci, cinq minutes par-là. Au-delà de ses qualités bonhommes, lesquelles devaient rassurer le vestiaire, je suis persuadé que ces fourbes d'Anglais n'avaient qu'un but : battre Philippe Sella et ramener le record mondial de sélections en Angleterre !

Si, sur la valeur sportive, Philippe aurait pu continuer, Jason, lui, fit les fonds de tiroir. À l'époque, j'en étais à soixante-treize capes, donc encore loin de m'imaginer dépasser ces deux légendes. Il serait hypocrite d'affirmer que je n'ai jamais pensé moi-même à ce record par la suite, après 2003, mais je ne l'ai pas cherché ; c'est arrivé. Et, somme toute, plutôt à la manière de Philippe que de Jason. Je préfère qu'il en ait été ainsi.

Pour l'heure, Jason et les siens nous furent supérieurs. Mais, paradoxe, nous inscrivîmes trois essais contre un seul aux Anglais. C'est notre indiscipline qui nous coûta la victoire. En même temps, une indiscipline souvent liée à la domination physique de l'adversaire...

Défaits à Londres, on se vengea sur les Écossais au Stade de France. Mais selon les dires de beaucoup, nous n'étions pas convaincants. En réalité, nous avions du mal à confirmer notre bonne année 2002, et les changements continuels au poste d'ouvreur (Merceron, Gelez, Michalak...) ne nous aidaient pas à retrouver de la stabilité. Galthié forfait avant le déplacement en Irlande, j'héritais du capitanat. Cela ne me réussit pas. Une nouvelle fois, nous fûmes beaucoup sanctionnés... et battus. Cette défaite laissa à Bernard Laporte « un goût amer... plus qu'amer » comme il le déclara à chaud.

La semaine suivante fut marquée par une épidémie de « gastro » dans le groupe, sans doute due à l'appréhension de la séance vidéo à venir avec Bernard Laporte. Il faut reconnaître que quelques-uns de ces débriefings sont devenus légendaires, tant Bernard pouvait s'acharner à cette occasion. Souvent les arrières plus que les demis, eux-mêmes plus que les troisième ligne eux-mêmes plus que le cinq de devant... Certains arrivaient à ces séances avec la trouille au ventre. À une époque, le bouc émissaire était Cédric Heymans. Il était tellement habitué à être la cible du coach que ce traitement spécial avait fini par ne plus avoir de prise sur lui.

Cette séance-là eut son effet sur le groupe puisque, une fois tout le monde sorti des toilettes, nous l'emportâmes largement, pour finir, en Italie et face au pays de Galles. Mais, même en Italie où nous passâmes cinquante points aux Azzurri, on fit trois fois plus de fautes qu'eux. Comment pouvait-on savoir alors que ce défaut causerait notre perte quelques mois plus tard, en Australie, quand les Anglais sortiraient leurs armes de destruction massive ?

65

Do you talk français ?

Au commencement, la Coupe d'Europe était une compétition de début de saison, aux rencontres calées de temps à autre entre deux matches de Championnat. Une sorte de Challenge Yves-du-Manoir international dont le but était de permettre aux joueurs, qui n'en avaient pas autrement l'occasion, de passer les frontières et aux arbitres britanniques, n'ayant pas le niveau pour les croiser dans le Tournoi, de se défouler sur ces voyous de Français ! En outre, d'offrir à une poignée de dirigeants et d'observateurs la possibilité de goûter à d'autres gastronomies que nos mets hexagonaux. Envie bien légitime : quitte à passer souvent trois heures à table, autant essayer de varier le menu… D'ailleurs, la Coupe d'Europe s'est immédiatement trouvé un nom de brasseur, Heineken : si le match devait mal se passer, on était au moins certains de pouvoir boire une bière gratos après !

Très vite, la Heineken Cup devint bien davantage que cela. Elle grandit chaque année jusqu'à arriver à maturité. Malgré quelques curiosités circonstancielles. Ainsi, après avoir gagné la première édition en 1996, le Stade Toulousain se retrouvait à nouveau en finale en 2003, à Dublin… face à Perpignan. Il y avait quelque chose de bizarre et d'illogique dans cette affiche. Lansdowne Road sonnait creux et il résonnait franco-français. Cela ne sentait pas vraiment la Coupe d'Europe. Mais quand nous eûmes le trophée entre les mains, cette vague impression de match de championnat délocalisé s'envola instantanément. Nous étions bel et bien champions d'Europe. Notre joie était à la hauteur d'un titre attendu depuis sept ans, depuis toujours en ce qui me concerne, et à la hauteur, aussi, de la déception ressentie trois ans plus tôt après la défaite à Bordeaux en demi-finale face au Munster dont nous nous étions vengés, là encore, en demi-finale.

Au fil des ans, le Stade Toulousain a participé à toutes les éditions, en gagnera même une autre, en 2005, construisant de fait une relation particulière avec cette compétition. Moi, je l'adore. Ce rendez-vous a quelque chose de très événementiel pour nous, il dépasse le cadre sportif pour le club et pour la ville. Réussir à l'échelle continentale nous rend d'autant plus fiers. Même si cela nous coûte quelques frustrations. Une semaine après le titre de 2003, nous étions en finale du Top 14 face au Stade Français. On explosa physiquement en deuxième mi-temps, offrant ainsi son seul Brennus à Fabien Galthié.

C'est le malheur de la Heineken Cup. Lorsque l'on conquiert un bouclier, la saison est terminée. On est alors libre d'ajouter les souvenirs de fête au bonheur de la victoire. Après une Coupe d'Europe, il faut rester raisonnable, en attendant la fin. Et, comme, après un titre européen, il est quasiment impossible de réussir un doublé, la dernière impression laisse un goût amer. Et pas celui de la bière.

66
Étranges étrangers

Un joueur fêta plus particulièrement notre titre européen de 2003 : Trevor Brennan. Avant son arrivée chez nous, nous ne connaissions du guerrier dublinois, issu des quartiers populaires de la ville, que le plaquage destructeur qui avait quasiment mis fin à la carrière de Christophe Deylaud, lors d'un match au Leinster; on l'avait aussi vu perdre aux « poings » une bagarre face à l'Australien Kefu lors du Mondial 1999. Trevor avait été délaissé par sa sélection nationale et, suivant la tradition de la diaspora irlandaise, il avait émigré. En l'occurrence à Toulouse, où il espérait prendre une revanche sur son destin.

Combattant de la première heure, soit le meilleur facteur d'intégration pour un rugbyman, il s'était vite fait adouber par l'équipe qui manquait alors de joueurs de ce type, garantissant le respect et la crainte des adversaires à défaut d'offrir de grandes envolées. Trevor a non seulement fini sa carrière au Stade Toulousain, mais il s'est aussi sédentarisé ouvrant *De Danù*, un pub irlandais désormais très fréquenté.

Avec le professionnalisme, les clubs ont ainsi, petit à petit, ouvert leurs portes à des joueurs étrangers que l'on n'avait jusque-là l'occasion de côtoyer qu'en tant qu'adversaires. Parmi eux, certains ont gravi les échelons jusqu'à être « adoptés » par notre équipe nationale : le Sud-Africain Pieter De Villiers, bien sûr, qui avait choisi la France avant de choisir le Stade Français ; le Montferrando-Néo-Zélandais Tony Marsh, qui ne parlait peut-être pas très bien notre langue, mais qui apporta beaucoup au quinze de France au top en 2002, lui qui représentait le modèle de centre qu'on cherchait et qu'on n'avait plus depuis le départ de Philippe Sella.

Et puis, il y a ceux comme Trevor, de plus en plus nombreux au fil des ans, venus chercher dans notre Championnat, qui une expérience humaine, qui de la reconnaissance, qui de quoi se construire une belle reconversion. Ce n'est pas toujours simple pour eux. Les dirigeants imaginent souvent que les stars recrutées à prix d'or vont descendre de l'avion et faire gagner immédiatement leur équipe ; pour ceux qui arrivent sans forte notoriété, c'est « sois bon et tais-toi ». D'où les nombreuses désillusions et des attitudes rappelant les étranges étrangers de Prévert : « On vous a renvoyé/la monnaie de vos papiers dorés/on vous a retourné/vos petits couteaux dans le dos »...

Au Stade Toulousain, les responsables ont souvent eu du nez. Il n'y eut qu'une seule erreur de casting : Andrea Lo Cicero. Le pilier italien avait un énorme potentiel, mais un sale état d'esprit. Ce n'est jamais passé avec lui. Dans la case « intégration difficile », il y eut aussi Lee Stensness. L'ancien ouvreur des All Blacks était un garçon incompréhensible, toujours à l'écart du groupe. Lorsque nous organisions des dîners entre joueurs, il ne venait jamais, et nous apprenions le lendemain qu'il avait été vu le même soir, tout seul dans un autre endroit de la ville. Le paradoxe est que Lee fut l'un des grands artisans de la victoire en finale en 1999. Exception confirmant la règle : l'intégration passe d'abord par le terrain.

Byron Kelleher en sera la plus belle preuve lors de la saison 2007-2008. Lui était à peine descendu de l'avion qu'il faisait déjà avancer l'équipe. Je ne pensais pas qu'après avoir déjà tant connu avec les All Blacks, il deviendrait chez nous cette étoile filante survolant tout et tout le monde, débarquant avec un état d'esprit aussi positif. Dès son arrivée après la Coupe du monde, il fit beaucoup d'efforts pour comprendre, autant pour être compris. Il avait toujours avec lui un petit dictaphone pour enregistrer des choses et progresser en français. Même si je dois avouer une part de mythe dans cette histoire : deux ans après, Byron parle en vérité un dialecte vraisemblablement tiré du vieux français et du Néo-Zélandais, que l'on appelle « le Kelleher » et qu'un seul joueur de l'équipe, Yannick Nyanga, est capable de comprendre.

Quand, comme Byron, un joueur expatrié à 20 000 kilomètres de chez lui s'engage comme s'il était né ici, cela redonne confiance dans les valeurs du rugby. Et puis, au-delà du terrain, il y a tout ce que les étrangers donnent au quotidien. Tout ce que l'on apprend d'eux : les prières des Sud-Africains avant les matches, les asado(*) familiaux des Argentins, le sourire des Polynésiens. Le rugby n'est alors plus seulement une école de la vie, il est aussi une école du monde.

(*) En Argentine, le terme *asado* exprime autant une grillade en elle-même qu'une réunion conviviale où l'on mange de la viande (blanche ou rouge) ou des choripanes (sandwiches avec une saucisse de chorizo).

67

La rose au fusil

Il devait être écrit quelque part que 2003 ne serait pas l'année de Pieter De Villiers. Après ses déboires juste avant le Tournoi, le destin le frappa à nouveau.

Nous étions alors en pleine préparation de la Coupe du monde. À Val d'Isère où nous étions allés nous oxygéner et nous changer de Marcoussis, l'ambiance était à la préparation physique. En montagne, on essaie souvent de varier les plaisirs : via ferrata, rafting, descente en rappel… ou VTT. Or, un pilier sur un VTT, c'est comme moi sur un poney : en un coup d'œil, on voit bien que l'un n'est pas fait pour aller sur l'autre.

Nous dévalions un chemin tous ensemble lorsque l'accident arriva. Pieter De Villiers fut projeté de son vélo. Verdict : épaule HS, forfait pour le Mondial. Le groupe accusa le coup. Humainement d'abord. Pieter était très apprécié de tous. Et sur le terrain plus encore qu'en dehors : depuis 2002, il était le meilleur droitier du monde. Il avait un tel impact physique qu'il broyait ses adversaires en mêlée comme en défense. C'était un titulaire de moins, mais aussi une perte de profondeur de banc, Sylvain Marconnet, remplaçant à gauche et à droite, étant alors désigné d'office pour attaquer toutes les rencontres à venir.

Le moral était toutefois bien plus haut que lors de la préparation pour 1999. L'équipe type était en place, grosso modo, depuis le Tournoi 2002 et, dans l'ensemble du groupe, les rôles étaient assez bien acceptés de tous, y compris de ceux formant la « deuxième » équipe. Le seul cas qui faisait débat, plus à l'extérieur qu'à l'intérieur du groupe d'ailleurs, c'était Christophe Dominici. Sa sélection avait suscité de nombreuses réactions dans les médias. L'opinion trouvait cette décision injuste pour Vincent Clerc, révélation de l'année précédente.

Pour ma part, je dirais que, sportivement, « Domi » ne méritait effectivement pas sa place au vu de ce qu'il avait montré durant la saison, comparativement à Vincent. Pour autant, je comprends que Bernard Laporte l'ait emmené. Une équipe n'a pas seulement besoin que de « bons » joueurs, mais aussi de joueurs « forts », au sens mental du terme. Sur une compétition de huit semaines, « Domi », star enfantée par le mondial 1999, offrait alors plus de garanties en la matière. Eût-il été convoqué par un autre sélectionneur, la décision eût été sans équivoque. Mais voilà, Bernard et « Domi » avaient tissé depuis longtemps des relations très intimes. Dès lors, se demander si le joueur avait été sélectionné pour le bien de l'équipe ou pour son bien à lui n'était pas illégitime…

Peu avant le grand départ, deux matches amicaux avaient été programmés face aux Anglais. Le premier se passa bien. À Marseille, nous mîmes fin à une énorme série de victoires du quinze de la Rose. En l'occurrence, une équipe bis composée de remplaçants… Au retour, à Twickenham, nous vîmes la différence avec l'équipe type nous infligeant un douloureux 45-14 dont nous ne mesurâmes pas le présage sur le moment. Aveuglés par notre préparation, peut-être, nous ne nous rendîmes alors pas compte que les Anglais étaient déjà bien dans leur Coupe du monde et ce, depuis plusieurs mois. Il ne fallait voir rien d'autre dans le fait qu'ils n'avaient eu cette saison-là qu'un seul club (Northampton) en quarts de finale de Heineken Cup, quand nous en avions eu deux en finale(*).

Pour l'heure, malgré le forfait de Pieter De Villiers, malgré le micro-débat autour du cas Dominici, nous n'avions aucun doute. Nous nous sentions même très forts, équipés pour voyager. Nous nous envolions pour l'Australie heureux de partir et d'entrer bientôt dans la compétition. Le cœur léger. Un peu comme les soldats français s'avançant vers la Grande Guerre la fleur au fusil, persuadés de revenir très vite, et victorieux…

(*) Voir chapitre 65, « *Do you talk français ?* »

68

Champions du monde de la colo

Même si, comme on le verra, la Coupe du monde 2003 se termina en eau de boudin, j'en ai gardé le souvenir d'une belle aventure humaine. Jusqu'à la première défaite, laquelle vint suffisamment tard pour qu'on ait eu le temps d'en profiter…

Le bal ouvrit dès notre arrivée en Australie. Un troisième ligne de l'équipe, dont je ne citerai rien d'autre que les initiales IH (un Basque), décida de se venger d'avoir été la cible des blagues de quelques-uns, dont Olivier Brouzet, durant le voyage aller. Sur le coup, il était resté zen, sans rébellion apparente. Mais, au fond, il préparait déjà son coup. Et il le prépara bien.

Nous étions alors à Melbourne, encore en préparation. Comme souvent, je faisais chambre commune avec mon compère Olivier. Celui-ci souffrait déjà de son dos. Contraint de rester dans nos appartements, il enchaînait les DVD. Il avait récupéré un rétroprojecteur, l'avait dirigé vers le plafond et nous avait confectionné une authentique petite salle de ciné. En général, il se faisait trois ou quatre films, puis un dernier avec moi, lorsque j'étais revenu de l'entraînement. Une fois sur deux, il s'agissait d'un épisode de la série *Band of Brothers* que nous nous repassions en boucle.

Un jour que je regagnais notre chambre, je vis Olivier, vautré de tout son long sur son lit, à peine dépité. La Brouze m'invita à jeter un œil illico dans la salle de bains : on avait mis des excréments dans la baignoire ! Sur le miroir au-dessus du lavabo, le coupable avait signé son œuvre d'un énigmatique : « Tout… » Nous ne déchiffrâmes le message que lorsque nous apprîmes que deux autres chambres avaient été attaquées. Dans la deuxième, toujours sur la glace était écrit « ... se... » ; dans la troisième, « ... paye ». IH avait fait payer... J'eus pitié du personnel de l'hôtel et nettoyai moi-même. Je soupçonnai La Brouze d'avoir deviné mes scrupules à laisser à d'autres cette corvée.

Olivier fut l'un des grands animateurs de ce début de voyage. Outre le fait qu'il bassinait tout le monde avec sa collection d'autographes, dont celui de Jack Nicholson qui le rendait très fier, un soir, il concocta avec talent un hilarant JT à sa sauce, à base de news tirées de la vie de l'équipe, laquelle en redemandait. On avait aussi droit régulièrement à un spectacle délirant, dont un autoproclamé Comité des sages (Jean-Jacques Crenca, Fabien Galthié, Christophe Dominici) décidait quels en seraient les acteurs et le thème. Tout y passa : Fabien Galthié en Chevalier blanc ; cours de golf de Xavier Gousse, le kiné ; concours de moustaches entre David Ellis – entraîneur de la défense – et Bernard Viviès – entraîneur des trois-quarts – ; combat de sumo entre Daniel Servais – préparateur physique – et Olivier Milloud... Tout, et surtout n'importe quoi ! On se détend comme on peut...

La vie s'écoulait ainsi paisiblement quand l'ensemble du groupe fut un jour appelé par Christophe Dominici et Xavier Garbajosa à venir visionner un film qu'ils avaient, dirent-ils, « trouvé ». ça sentait l'humour faisandé mais, enfin, la curiosité fut la plus forte. La vidéo montrait un soi-disant groupe terroriste corse appelé « Armata Corsa » en train de forcer une porte de chambre d'hôtel pour la cambrioler. Souiller, devrais-je dire. En plus de retourner la chambre, les « terroristes » s'en prirent aux effets intimes des propriétaires. L'un d'entre eux s'empara notamment d'une brosse à dents et, avec, se brossa tout sauf les dents. C'est lorsqu'un autre fit un geste obscène avec un oreiller en hurlant « Et ça, c'est un autographe de Jack Nicholson ? » qu'Olivier Brouzet se tourna vers moi s'exclamant le regard noir : « Les cons ! C'est notre chambre ! » Sur l'instant, je ris aux éclats. Mais je ne riais plus que jaune quand j'appris que la vidéo avait été tournée une semaine plus tôt, et que, depuis, je n'avais évidemment pas arrêté de me brosser les dents...

L'esprit colo dura jusqu'à l'approche du premier match face aux Fidji. Bernard Laporte, jusque-là détendu, répétant sans cesse « On va être champions du monde, je vous dis qu'on va être champions du monde ! », sonna le glas de la préparation : « Ce serait peut-être bien d'arrêter les conneries, maintenant… »

Avec le recul, je me demande si on arrêta vraiment ou, dans le cas où on aurait arrêté, si on n'aurait pas dû continuer…

69

Trop beau pour être vrai

163 points inscrits, 56 encaissés : certes, avec des adversaires comme les Fidji, le Japon et l'Écosse, nous n'avions pas la poule la plus relevée. Mais l'équipe maîtrisait le jeu qui était le sien depuis 2002 et les hommes se connaissaient bien. Notre début de Coupe du monde constituait une sérieuse montée en puissance.

L'ambiance s'en ressentait. N'était-ce un accès de mauvaise humeur de Sébastien Chabal dans la presse, nous étions bien et continuions de jouir des plaisirs de l'Australie. Nous avions notamment sympathisé avec le propriétaire du restaurant de l'Opéra de Sydney où nous allâmes dîner quatre ou cinq fois. Le grand luxe : c'est comme si un touriste australien venait passer quelques jours à Paris et prenait ses quartiers gastronomiques au restaurant du deuxième étage de la tour Eiffel. Peut-être vivions-nous trop bien…

En tout cas, ce n'est pas le quart de finale face à l'Irlande, à Melbourne, qui allait nous mettre en garde. Les Verts avaient disputé, six jours avant, un match crucial, terminé aux couteaux, face à l'Argentine, quand notre rencontre précédente datait déjà de dix bons jours. Et, encore, l'équipe qui avait affronté les États-Unis était une formation mixte, composée pour partie de remplaçants. Autrement dit, nous avions préparé le quart de finale comme jamais, à l'australienne en quelque sorte : nous étions frais et nous savions tout des Irlandais. Nous cueillîmes le quinze du Trèfle à froid, nous mettant rapidement à l'abri. Nous étions en demi-finale, face à l'Angleterre et nous n'avions pas encore vraiment eu à forcer notre talent.

Pourtant, autour de nous, nous sentions les événements s'emballer. Les retours de France témoignaient de l'enthousiasme naissant. Les observateurs du monde entier ne tarissaient pas d'éloges sur les performances et la manière produites jusque-là. Frédéric Michalak était l'une des stars du mondial. Quelques heures avant d'affronter les Anglais, son face à face avec Wilkinson occupait l'espace médiatique. Il était au centre de toutes les attentions. Aurait-il fallu le protéger davantage comme les Anglais le firent pour Jonny? Peut-être. Selon moi, cela n'aurait rien changé. Au même moment, les All Blacks étaient depuis le début de la compétition terrés dans un bunker; en 2007, ils seraient à l'opposé, ouverts aux supporters et aux médias : c'est bien qu'il n'y a pas de vérité, sinon ils n'attendraient pas encore leur deuxième sacre mondial...

Pour que le quinze de France décroche son premier titre, si l'on croit toutes les épreuves disputées jusqu'à aujourd'hui, il lui faudrait arriver en finale sans avoir été ni bon ni favori.

Pour l'heure, incontestablement, les conditions de l'exploit n'étaient pas réunies. Et d'exploit, il n'y en eut pas...

70

Lettre ouverte à Martin Johnson

Cher Martin,

En 118 sélections, j'ai affronté beaucoup de deuxième ligne. Des très grands et des moins bons. Paul O'Connell, le duo Sud-Af Botha-Matfield, et mon ami « Pato » Albacete ne sont pas loin d'être les meilleurs du monde actuellement, de par leur capacité à courir longtemps sans jamais perdre d'intensité dans le combat. J'aime bien ce genre de joueur, un peu solide... à l'opposé d'un Norm Maxwell, qui fit fureur à notre époque, mais dont j'ai toujours pensé qu'il lui manquait de la densité. Je n'ai jamais accroché par ailleurs avec John Eales, même si, en tant qu'anciens footeux toi et moi, on ne pouvait qu'apprécier ses qualités de buteur.

Je n'ai jamais trop cru au côté légendaire du rugby où on s'aime tous après les matches. Si on s'était aimés tous les deux, on aurait fait les gros titres des tabloïds de ton pays ! En revanche, tu as été mon meilleur ennemi. J'ai eu de l'estime pour toi, un grand respect. J'en avais déjà avant la Coupe du monde 2003, mais ta légende s'est construite sur cette compétition. Tu as su fédérer autour de toi. Le fascinant chez toi, c'est d'avoir réussi le meilleur match de ta carrière en finale de la Coupe du monde.

C'est en ça que je suis admiratif de vous, les Anglais : vous n'êtes pas les plus beaux (quoi que tu en penses), mais chaque fois que vous l'avez décidé, vous êtes les plus forts. Vous avez cette faculté incroyable à vous unir pour un moment important, à choisir un jeu, une manière de faire, et à tous y croire.

En 2003, vous vous êtes donné les moyens de vos ambitions et cela a marché. Vous étiez les plus forts physiquement, vous aviez une équipe très aboutie, capable de jouer tous les jeux, sur tous les terrains. Une équipe extraordinaire.

Je me souviens de ce match à Wellington, quelques mois plus tôt. À six avants contre huit, vous aviez fait reculer la mêlée néo-zélandaise. Quel pied tu as dû prendre ce jour-là...

Je vais te faire une confidence, Martin. En 2003, bien plus qu'en 2007, on aurait pu être champions du monde. C'est même l'équipe de France la plus forte que j'ai connue, au plus fort potentiel en tout cas, dans le sens où c'est celle qui était le plus adaptée à son époque pour s'imposer. On avait tout. Mais peut-être que tous les joueurs n'étaient pas au sommet tous au même moment... En tout cas, il devait bien manquer quelque chose...

Je n'ai jamais revu la demi-finale, mais je me souviens y avoir cru jusqu'au bout. C'était bien parti... sauf qu'on a joué à quatorze 25 % du temps. Physiquement, mentalement, nous nous sommes étiolés au fil du match. Dans mon souvenir, on n'a pas explosé. Mais tout vous était favorable. Vous étiez plus puissants, c'était comme inexorable. Je n'ai pas le sentiment que nous ayons perdu, j'ai plutôt l'impression que c'est vous qui avez gagné.

Mais, tu connais la prétention des Français : on ne peut admettre que les autres puissent être meilleurs que nous. Alors tu sais comment c'est : quand tu perds, tout le monde a des explications. Là, tu vas rire, certains ont parlé de la pluie, même les journalistes, qui n'étaient pourtant pas dupes... Tu sais comme moi que les conditions climatiques ne peuvent être une excuse, sinon comment vous feriez, vous, en Angleterre ? Outre la pluie, l'absence de plan B a aussi été évoquée... Tout ça m'a rappelé cette question de ma grand-mère Maria, un jour de Noël : « Tu crois que c'est depuis qu'ils envoient tous ces satellites dans l'espace que le temps est détraqué ? »

Pendant que vous prépariez votre finale, pour nous, la suite fut un peu pathétique. Le départ précipité de Fabien Galthié, rentré assister aux obsèques d'un proche, déclencha tout un pataquès bien inutile dans les médias. Nous, on comprenait, mais il fallait balancer et tout prétexte était bon.

En attendant, notre défaite et votre magnifique victoire finale ont eu beaucoup d'influence sur le deuxième mandat de Bernard Laporte. Alors que nous avions trouvé une identité, qu'il fallait la cultiver, et ne surtout pas changer de philosophie juste parce que nous avions perdu un match, le quinze de France a pourtant, dès lors, pris un grand virage. Lis bien ce qui vient : à partir de ce moment-là, on a voulu vous ressembler…

Après la demi-finale, nous avions échangé nos maillots. J'étais content d'avoir le tien. Je comptais le ranger aux côtés de quelques autres qui me tiennent à cœur et qui dorment dans des malles de la remise de ma maison près de Toulouse. Finalement, je me suis dit que ce serait bien que cette armure que tu avais portée au front serve la cause de l'association « Un maillot pour la vie », laquelle mène des luttes bien plus importantes. Ton maillot aurait pu rapporter beaucoup d'argent. Manque de chance, il a été volé avec d'autres dans le local de l'association.

Alors, Martin, avant que le temps ne me vole à son tour les souvenirs de ma mémoire, je me suis dit qu'il serait bien de t'écrire une chose que je ne t'ai jamais dite. Tu n'as sans soute pas oublié : tous les deux, on a eu l'occasion de s'accrocher quelques fois. Un jour de nos vertes années où tu faisais ton Anglais, tu m'avais même traité de « *dirty player* ». Insulte classique d'un avant anglais à un avant français, qui sert avant tout à entretenir la tradition. Ce que je regrette, c'est de ne pas avoir eu le réflexe de te rétorquer qu'en la matière, tu as été mon modèle.

Bien affectueusement,

Fabien P.

71

À la pêche aux souvenirs

Au lendemain du match pour la troisième place, perdu largement face aux All Blacks, nous en avions terminé avec la compétition. Mais pas avec la Coupe du monde qui attendait son vainqueur. Dans cette ambiance de fin de colo gâchée, il fallait trouver la meilleure manière de tuer le temps. Tandis que certains décidèrent d'écumer les nuits de Sydney, Rafa Ibañez débarqua dans le hall de notre hôtel de Bondi Beach avec les yeux de celui qui venait d'avoir l'idée du siècle : « Je vais à la pêche, tu viens avec moi ? » Connaissant mon Rafa, le plan pouvait être foireux. Mais le rugby consiste à suivre celui qui prend une initiative, même mauvaise…

Sur ses indications, nous prîmes donc la direction d'Adaminaby, capitale australienne de la truite située à 1 000 mètres d'altitude, à cinq cents bornes au sud-ouest de Sydney, à la lisière nord des Snowy Mountains. Un minuscule bourg de quelques âmes. L'entrée du village est aussi son centre. On ne pouvait pas la manquer : en plein milieu trônait une truite de dix mètres de haut, *The Big Trout*, monument édifié en hommage à la seule attraction touristique du coin. À notre arrivée, flottaient encore des humeurs de lendemains de fête. Deux mois avant, en effet, les 230 habitants d'Adaminaby avaient, à ce qu'on apprit, fêté les cinquante ans de leur « déménagement » lié à la construction d'un lac artificiel, affaire qui avait visiblement fait grand bruit dans le pays. D'autant plus que quelques semaines avant l'anniversaire, une grande sécheresse avait fait réapparaître l'ancien Adaminaby à la surface du lac.

Avec Rafa, c'est notre vieille amitié qui resurgit alors, au bon souvenir des soirées du Creps de Toulouse. Le soir de la finale Australie-Angleterre, nous décidâmes d'aller voir quand même si le pub du village retransmettait la rencontre. Un pub à la déco rustique : à l'entrée, un chevreuil empaillé, dans la bouche duquel on avait élégamment ajouté une clope ; aux murs, des photos de fête sur lesquelles festoyaient des gens particulièrement dénudés. En jetant un coup d'œil dans l'établissement, nous nous rendîmes compte que les mecs à poil sur les clichés étaient aussi tous ceux qui étaient accoudés au comptoir ! La télé du pub diffusait la finale, mais bien que nous soyons en Australie et que les Wallabies tentaient de remporter un troisième sacre mondial, c'est à peine s'ils savaient ce qu'était ce match.

Dans cette ambiance et ce décor surréalistes, nous nous sentions totalement en décalage. Et finalement, cela nous allait bien. On en riait. Au fil de la soirée, on parla beaucoup. De la connerie à l'intime. Comme un vieux couple libérant la parole en week-end après des années de vie commune. Au détour d'une phrase, Rafa m'annonça sa décision : il se retirait de la scène internationale.

Le temps passa trop vite. Il fallut déjà regagner Sydney et le reste de la délégation française. Au final, nous étions partis deux jours, dont un de voyage. Et on n'avait pas pêché une seule truite. On rentrait vraiment bredouilles de cette Coupe du monde.

72
Serge Betsen pleurait…

Mettre un terme à ma carrière internationale comme Rafa ? Cela ne m'effleura pas l'esprit une seconde. Pas plus que je ne supposais alors rejouer un jour avec lui sous le maillot bleu. Un mois après la Coupe du monde, j'allais fêter mes trente ans. Ne plus être du quinze de France m'était inimaginable.

Dès la fin de la demi-finale, je m'étais projeté vers les prochaines échéances. Rentré au vestiaire, tout le monde était abattu. Bernard Laporte était absent, retenu par les médias ; Fabien Galthié, qui venait de disputer son dernier match, avait déjà décroché dans sa tête. Assis dans un coin, Serge Betsen pleurait, la tête enfouie entre ses mains. Exclu dix minutes durant la rencontre, il se sentait responsable de la défaite.

Dans la morosité ambiante, je ressentis le besoin d'exprimer ma volonté de ne pas s'arrêter là. Oui, cette étape était terminée ; oui, nous avions perdu la Coupe du monde. Mais l'avance physique des Anglais m'avait semblé telle que, regardant les joueurs, je dis : « Voilà le chemin qu'il reste à parcourir. La route continue. » Sans penser alors que, quatre ans plus tard, cette route s'arrêterait à nouveau, au même niveau, sur le même obstacle. Et pour moi définitivement cette fois.

73
Chèque en blanc

Après la Coupe du monde 1999 qui avait vu les Anglais éliminés durement en quarts de finale, leur entraîneur Clive Woodward avait dû batailler ferme pour garder son poste. Il était allé devant les responsables de sa fédération plaider sa cause, affirmant qu'il savait pourquoi le quinze de la Rose avait échoué et comment il fallait faire pour réussir quatre ans plus tard. Avec le résultat que l'on sait…

Après 2003, Bernard Laporte n'eut pas besoin de passer par là. J'étais un peu en dehors de tout cela, mais autant que je me souvienne, il ne me semble pas qu'il y ait eu alors en France ne serait-ce que la réflexion qu'il y aurait plus tard, en 2007.

Après 2007, Bernard Lapasset reçut quelques candidats dont Philippe Saint-André, et consulta beaucoup. Il fit clairement comprendre à son entourage qu'il ne fallait pas un autre Laporte, qui incarne autant le quinze de France et monopolise sa communication. C'est pourquoi, ai-je entendu, un Fabien Galthié par exemple, n'avait aucune chance...

En 2003, tout le monde croisait les doigts pour que Bernard ne quitte pas son poste. Il n'y eut pas vraiment de débriefing... Mais y avait-il alors une alternative évidente ? Et, avec un autre à sa place, eût-ce été différent ou mieux ? Pourquoi ne pas admettre que nous avions tout simplement fait notre maximum ?…

On peut se poser cent mille questions mais quel que soit le projet de jeu, il ne fonctionnera que si les quinze joueurs sont investis à 100 % et qu'ils poussent tous dans le même sens. Les Anglais ont été champions du monde avec le même système que le nôtre, mais en bénéficiant de quelques jours de plus en commun durant la saison et surtout, d'une conscience individuelle plus avisée de ce qui était nécessaire pour aller chercher le titre mondial.

Fondamentalement, il n'y a pas de vérité ni de système infaillible ni dans le rugby, ni dans aucun sport d'ailleurs. On peut avoir des convictions sur le jeu, sur les hommes, mais quel système pourrait fonctionner au maximum tout le temps ? J'ai toujours été modéré dans le discours, car les certitudes d'un jour résistent rarement à la contradiction des jours suivants. La forme, l'adversaire, les conditions climatiques : je le redis, on ne maîtrise pas le rebond d'un ballon de rugby. L'entraînement est là pour réduire la part d'aléas. Mais pour la réduire seulement…

Il y a deux éléments sur lesquels on ne peut pas transiger. Le premier, c'est l'engagement physique et mental. Le second, c'est l'approche philosophique du rugby : l'essentiel, c'est le jeu. Il suffit pour s'en convaincre de regarder les exemples récents, en football, du FC Barcelone, de l'Espagne, ou des Girondins de Bordeaux en Ligue 1…

La transition Bernard Laporte-Marc Lièvremont a eu du mal à se mettre en place car les joueurs n'étaient tellement plus habitués à ce qu'on leur parle de jeu qu'ils en ont été perturbés. Il n'y a qu'en mettant le jeu au centre de tout qu'on y arrivera. Le reste est extérieur, presque accessoire, et doit être géré comme tel. Tout le reste, y compris la personnalité du sélectionneur.

74

Vive le dopage... au bon grain !

Au début de ma carrière, j'ai subi beaucoup de contrôles antidopage. Après chaque match, je buvais deux bières. Une pour le plaisir, une pour satisfaire aux besoins des inspecteurs. Au fil du temps, j'ai été de moins en moins contrôlé. Cela ne doit pas être tout à fait un hasard. La lutte antidopage consiste davantage à essayer d'attraper celui qu'on soupçonne déjà que de tirer un filet en espérant trouver une proie accrochée aux mailles.

Il y a des histoires qui circulent, dont certaines avérées. Au plan mondial, on a parlé des Sud-Africains, des Australiens ou des Anglais. C'est toujours plus facile de stigmatiser le voisin, surtout s'il vit outre-Manche. En 2003, les Anglais étaient surtout bien préparés. Trop même, puisque plusieurs joueurs, de manière surprenante, l'ont payé de leur carrière en connaissant ensuite de gros problèmes de santé : Vickery, Wilkinson, Woodman, Thompson, Cohen, etc.

Je me refuse à cautionner la spirale du soupçon, sinon que restera-t-il du sport quand on suspectera chaque performance de tricherie ?

D'autant que le doute s'immisce déjà dans des endroits parfois inattendus. Lors d'un match face aux Anglais avant la Coupe du monde, mon numéro avait été tiré au sort, celui de Martin Johnson, mon homologue adverse, également. Lors d'un contrôle, il faut déclarer les produits ou médicaments que vous prenez éventuellement au quotidien. Sans que cela ne sous-entende quoi que ce soit de répréhensible a priori, la liste fournie par Johnson fut tellement longue que je me demandai un instant s'il n'était pas en train de recopier *Guerre et Paix* ! Quand, mon tour venu, je laissai la page blanche, le contrôleur, qui n'avait pas du tout tiqué pour Johnson, m'observa bizarrement. Il trouvait louche que je n'aie rien à signaler !

Personnellement, je n'ai jamais constaté de cas de dopage proprement dit. Je ne suis pas dupe pour autant. La dimension physique est tellement importante dans le rugby moderne que celui-ci s'expose de plus en plus au dopage. Les jeunes sont les plus fragiles, de plus en plus adeptes de l'hyper médication : 90 % d'entre eux prennent des protéines, tout en continuant pour certains à aller deux à trois fois par semaine au McDo ! Ils sont plus suivis que nous ne l'étions. Leurs carences sont compensées. Les médecins proposent des traitements. Les « docs » font attention, surveillent. Mais au bout du compte, pas mal de comprimés sont ingérés. Insidieusement, s'installe l'idée selon laquelle, sans aide, on ne peut arriver à tenir seul la distance.

En la matière, j'ai toujours été un taliban. Je ne voulais même pas toucher aux compléments alimentaires. Quand j'ai eu des gros coups de fatigue, c'est à peine si je me suis autorisé une cure de vitamines. Avant et après les entraînements ou les matches, je buvais juste des boissons de récupération. En revanche, j'ai toujours mangé équilibré. Mais j'ai été chanceux : j'ai toujours eu de bons bilans de santé. Question surtout de philosophie et d'éducation. J'ai été élevé tout au grain, au bon, et, si je ne fus pas le mec le plus physique de l'histoire du rugby, cela ne m'a pas empêché de faire un bout de chemin au plus haut niveau. Cela prouve que l'on peut faire une longue carrière en prenant ses responsabilités, sans tomber dans l'engrenage. Et puis on contourne déjà suffisamment les règles sur le terrain (à ce qu'on m'a dit, en tout cas)...

75
Pas fait exprès...

Le Tournoi des Six Nations 2004 débuta sans quelques-uns des joueurs de ma génération partis au lendemain de la Coupe du monde en Australie. Je n'étais plus très loin désormais du haut de la pyramide des âges.

Bernard Laporte semblait avoir changé, annonçant un nouveau style : plus décontracté, moins agressif. Il avait l'air de vouloir faire davantage confiance aux joueurs, y compris aux nouveaux tels que Servat ou Papé. Bref, ça roulait et, comme entre deux Coupes du monde dirais-je, j'avais récupéré le brassard de capitaine qui m'avait été transmis cette fois par le retraité Fabien Galthié.

J'étais donc plus que jamais repérable, pour les arbitres et autres commissaires à la discipline. Et cela ne manqua pas : dès le premier match face à l'Irlande (gagné, et bien gagné), j'eus affaire à eux. Rien de tel que de se replonger dans la presse de l'époque pour retracer un fait divers, d'où cet extrait – revu et détaillé – de *L'Équipe* datant du lendemain du match :

« Fabien Pelous sera-t-il cité ce matin par le commissaire à la discipline du match France-Irlande de samedi, l'Écossais Peter Brown ? *(Un ancien deuxième ligne ou numéro huit, c'était bon signe...)* L'encadrement irlandais a attiré son attention sur un incident survenu à la 27e minute de la rencontre, sur la touche qui a démarré le mouvement aboutissant à l'essai de Vincent Clerc *(aucun lien entre l'incident et l'essai, je dois l'admettre)*. À la vidéo, sur le regroupement qui suit la prise de balle en touche française, le capitaine du quinze de France semble en effet marcher sur la tête du deuxième ligne irlandais Malcolm O'Kelly *(« semble » me paraît peu approprié : je lui ai quand même ouvert la tête !)*. De manière volontaire ou non ? *(J'avais tout fait pour l'éviter, promis juré...)* En tout cas, on le voit clairement dans les secondes qui suivent s'inquiéter de l'état de son vis-à-vis *(c'était la moindre des choses)* qui, touché au cuir chevelu, dut sortir trois minutes pour se faire soigner.

Malcolm O'Kelly, qui s'est exprimé hier dans un journal irlandais, confirme que Fabien Pelous s'est immédiatement excusé *(On but un verre ensemble après le match. Un bon mec, ce O'Kelly)*. Peter Brown devait revoir l'incident à la vidéo hier soir *(après manger, sans doute)*. Il est le seul habilité à se prononcer et à poursuivre l'affaire en transmettant le dossier à la commission de discipline du Tournoi des Six Nations ou à laisser les choses en l'état, dans les 48 heures suivant le match. Réponse dans la journée. »

Finalement, je ne fus pas cité. Ce Tournoi roulerait de bout en bout...

76
Donner les clés...

Nous allions affronter l'Angleterre, championne du monde, pour le compte du dernier match de ce Tournoi 2004, disputé pour la première fois en nocturne. Même si les Anglais avaient été mis hors course par les Irlandais très tôt dans la compétition, c'était pour nous le final attendu. Un nouveau Grand Chelem nous tendait les bras. Mon quatrième potentiellement, mon premier en tant que capitaine. Celui de la responsabilité... Il aurait moins de saveur que les premiers : je n'étais plus le puceau des années 1997-98. Et puis, un Grand Chelem, ce n'est pas comme la conquête du Bouclier de Brennus : il n'y a pas d'objet auquel accrocher ses rêves et ses souvenirs... Même si cela reste quelque chose de grand, quand même, d'atteindre ce but.

À condition d'y être attentif, il y a parfois des signes annonciateurs. Dans le bus nous menant au Stade de France, je jouais avec un bout d'Élastoplaste. J'aperçus Dimitri Yachvili, pas loin. Avec mon bout d'élasto, je fabriquai quelque chose ressemblant à une clé. Je lui donnai et lui dis : « Tu as la clé du match, fais-en ce que tu veux. » Deux heures plus tard, il avait battu les Anglais à lui tout seul.

PS : Cela ne marche pas à tous les coups...

77

Une bronca rien que pour moi

J'ai toujours été respectueux vis-à-vis de ceux qui me respectaient. Y compris du public, même du public adverse. Je tournais le dos à ceux qui sifflaient. Ce sont les chiens qu'on siffle et, jusqu'à preuve du contraire, je ne suis pas un chien. Si, dans le stade, quatre spectateurs m'applaudissaient et mille me sifflaient, j'allais saluer les quatre. Je le faisais d'autant plus gracieusement que cela énervait encore plus les autres…

Sa culture fait du rugby un sport relativement « éduqué ». Pourtant, la complexité de ses règles, ajoutée à l'enjeu accru pour certaines équipes, en font une cible très exposée aux manifestations diverses des supporters.

Les publics chauds ont raison de l'être. Ce sont eux qui donnent à la notion « domicile-extérieur » une part plus ou moins importante. Un public peut influer sur l'arbitrage plus que sur les joueurs, mais on sait l'importance des arbitres. Je me souviens ainsi d'un match à Castres. Un joueur du CO devait prendre un carton jaune flagrant pour un mauvais geste. Si le match avait été joué à Toulouse, l'arbitre sortait le carton sans l'ombre d'un doute. Mais là, il ne le sortit pas. Inconsciemment, il craignait la bronca...

Moi-même, j'en ai connu une belle rien que pour moi dans le temple en la matière : Aimé-Giral, antre de l'USA Perpignan. C'était lors de la saison 2003-2004. Le match était très chaud, chaque mêlée tanguait. Jusqu'à ce que l'une d'elles chavire vraiment. Mêlée relevée, petite bagarre générale déclenchée, retour à l'état animal. Je passai le bras près de mon pilier et lançai une généreuse droite dans la masse sans cible préméditée… Mais, finalement, il y en eut une : le pauvre Pascal Meya, qui eut le nez ouvert sur le coup !

Évidemment je fus convié à quitter la pelouse pour dix minutes. Le public s'en donna à cœur joie ! Le pire, c'est que Pascal Meya était un pote ; nous avions joué ensemble en équipe de France juniors. Il ne m'en voulut pas. « C'est le rugby », me dit-il. Heureusement qu'il reste quelques traditions…

78

Poitrenade

En finale, le Stade Toulousain n'a pas toujours gagné. Mais, sauf face à Biarritz en 2006, on a toujours répondu présents. La finale de la Heineken Cup 2004 face aux London Wasps constitue ainsi l'un de mes meilleurs souvenirs en club. Ce fut l'une des plus belles finales que j'ai eues à disputer. Nous avions perdu, oui ; mais nous avions montré le meilleur de ce dont le Stade est capable. Nous avions tellement tout donné, la rencontre avait été tellement belle à jouer, que je n'en ai gardé aucun regret. Quand on sort du terrain et que ce n'est que le destin qui a choisi son camp, il ne subsiste pas de frustration, juste le plaisir d'avoir joué. En l'occurrence, il m'en reste aussi cette attitude de Guy Novès, pleine de recul et d'affection, qui m'a profondément marqué.

En fin de partie, il y eut la fameuse « poitrenade », cette bévue de Clément Poitrenaud dans l'en-but qui scella l'issue de la finale. Sur le moment, je me retins, déclarant aux journalistes : « Je préfère ne rien dire de peur d'avoir à le regretter demain. » Ce qui était déjà trop en soi. Mais je ne devais pas être le seul. Clément dut bien le sentir tant il était malheureux.

Guy, lui, ne fit rien ressentir de sa déception. À chaud, il n'eut aucun geste, aucun mot déplacé. En revanche, le week-end suivant, Clément était titulaire dans le quinze de départ.

79

Voyageur clandestin

À la fin du Tournoi 2004, les journalistes me demandèrent non sans arrière-pensées :

« Serez-vous de la tournée de l'équipe de France aux États-Unis et au Canada en juin prochain ?

– Bien sûr !, répondis-je naïvement. C'est sympa, une tournée, pourquoi je n'irais pas ? »

J'avais juste oublié qu'il avait été décidé par les instances que les internationaux ayant disputé la Coupe du monde seraient dispensés de voyage en Amérique du Nord... Étant capitaine du quinze de France, l'affaire fit évidemment un peu de bruit mais, enfin, le tollé passé, je partis quand même. Seul représentant des mondialistes, du coup...

Au milieu de la bleusaille emmenée par les Szarzewski et autre Nyanga, je dépareillais franchement. Comme si j'avais accompagné mes petits frères en classe verte. Et il y eut un peu de ça, en effet. L'ambiance fut rajeunissante et la tournée récréative, à défaut d'être sportivement instructive. On fêta l'anniversaire de Bernard Laporte sur un bateau dans la baie de New York, on visita la statue de la Liberté, on se recueillit à *Ground Zero* sans oublier d'aller se rafraîchir aux chutes du Niagara.

Je fus fasciné par l'étendue et la démesure du pays, les distances entre les villes, les drapeaux US partout fièrement affichés. Je compris aussi ce qu'était un campus à l'américaine. Nous affrontâmes les États-Unis sur la pelouse de la prestigieuse université de Yale, enceinte pouvant recevoir 40 000 spectateurs. J'eus alors une pensée mélancolique et ironique pour les terrains pelés et sans tribunes de l'université Paul-Sabatier de Toulouse. Comme un collectionneur de vinyles perdu au rayon iPod de la Fnac.

J'avais bien fait d'y aller, car cet avant-goût du continent me donna envie d'y revenir. Je le fis plus tard. Une tournée sert aussi à mettre les hommes en appétit. À charge ensuite à chacun de remettre éventuellement la sienne.

80

Envie d'ailleurs

Je l'ai dit, je n'ai jamais été un grand voyageur. Mais avec les années, un léger regret s'est insinué : celui de ne pas avoir évolué à l'étranger.

Si j'ai reçu des offres d'outre-Manche, je n'ai jamais été attiré par l'Angleterre : même rythme qu'en France, qualité de vie en moins. En revanche, j'aurais bien fait une année dans l'hémisphère Sud. Après tout, plus on part loin, plus on part… Et puis, il y a toujours quelque chose de mythique dans le fait de franchir l'équateur et d'atteindre des contrées qui furent des objectifs parfois inaccessibles pour les grands explorateurs. Même si, évidemment, aujourd'hui, la *business class* rompt un peu le charme. En même temps, on est plus vite arrivés !

À choisir entre les trois grands pays traditionnels de rugby, l'Australie eut été un bon compromis. Pas aussi distante que la Nouvelle-Zélande, pas aussi dangereuse que l'Afrique du Sud. Mais aussi riche de ses diversités humaines et géographiques : vivre une nuit dans l'*outback* (à condition de trouver un duvet à ma taille), la tête dans les étoiles (s'il n'y a pas trop de moustiques), s'endormir bercé par les rêves des Aborigènes (des « Arborigènes », a écrit un jour un journaliste bien connu du milieu dont je tairai le nom), être réveillé par la lumière (éblouissante) de la baie de Sydney et sa vie trépidante (bruyante), prendre un bain dans l'océan Pacifique (faire gaffe aux méduses), voir un coucher de soleil sur la grande barrière de corail (écran total obligatoire), aller pêcher dans les rivières des Snowy Mountains (sans Rafa Ibañez)… Qui a dit que je ne savais pas rêver ?

J'aurais un peu joué au rugby aussi. L'Australie est dépaysante et exotique, tant dans la vie de tous les jours que sur le plan du rugby. Les Australiens ont toujours été les plus intelligents. Tirés par les expériences du rugby à XIII, professionnel depuis un siècle, ils ont beaucoup inventé et réussi à optimiser leur réservoir. Ils ont peu de joueurs et pourtant ils ont été sacrés deux fois champions du monde. C'est bien qu'ils doivent avoir quelque chose en plus...

Il m'a fallu sept défaites avant de connaître enfin la victoire face aux Wallabies. C'était début novembre 2004, à la lumière d'un exploit de Frédéric Michalak décantant la situation et nous menant à un succès record. C'est peut-être parce qu'il est si difficile de les battre que je me sens attiré par leur pays. Comme en amour en somme : « Fuis-moi je te suis, suis-moi je te fuis ! »(*)

(*) Volé à Agnès Jaoui dans *Un air de famille.*

81

Premier tango à Marseille

En cent dix-huit sélections, j'ai eu le bonheur d'affronter quasiment toutes les équipes du Top 20 mondial.

J'ai beaucoup aimé jouer contre les Irlandais, pas seulement parce que j'ai de l'affection pour eux et qu'il en restait toujours un pour discuter et boire un verre après les matches. Face à eux, c'était dur, tout le temps, mais sain. On savait qu'ils allaient taper fort, avec le même niveau d'engagement durant quatre-vingts minutes mais, généralement, on savait où et comment.

À l'inverse, j'ai détesté jouer contre les Argentins, toujours à la limite, souvent au-delà de la règle avec cette énergie du cadet voulant prouver à son aîné sa force par tous les moyens. Le rugby français a beaucoup donné au rugby argentin. Celui-ci a fini par lui aspirer le cerveau et a ajouté à cet emprunt reçu ses qualités endémiques : son intelligence et son tempérament révolutionnaire.

La dernière fois que j'avais été d'une victoire face à l'Argentine avant leur venue à Marseille en novembre 2004, c'était six ans plus tôt. À l'époque, j'avais commis trois en-avant dans le match, déclarant mi-gaussant, mi-prétentieux : « J'en ai fait pour toute la saison. » Je n'avais pas dû totalement récupérer de mon tour du monde du mois de juin précédent.

C'était l'époque où l'on était capable de battre l'Argentine plusieurs fois d'affilée. D'ailleurs, j'en étais à cinq matches, cinq victoires et j'étais bien loin d'imaginer alors que je ne les battrais plus jamais... Même en 2002, lorsque nous nous inclinâmes à la suite de l'affaire des « taxis de Buenos Aires »[*], je ne crus pas une seconde à la naissance d'une maladie chronique! Pas plus un an plus tard quand les Bleus (sans moi, resté en France) perdirent deux fois de suite chez les Pumas.

Quand j'y repense, il doit y avoir quelque chose de « colonial » dans ce complexe de supériorité, car arrivés dans notre stade fétiche du Vélodrome où nous étions toujours invaincus, auréolés de notre victoire record face aux Wallabies une semaine plus tôt, personne, malgré ces trois revers consécutifs, n'envisageait le scénario catastrophe qui survint. Il y avait ce jour-là un vent à décorner les bœufs et quinze furieux en face qui pourrissaient tous les ballons. Nous n'arrivions à rien, nous jouions totalement à contresens, moi y compris : à un moment, je me retrouvai en position de demi d'ouverture et me prenant pour Jonny Wilkinson, je tapai à suivre... Mais pour personne! C'était n'importe quoi...

Les accrochages avec les Argentins s'étaient multipliés. Ils avaient atteint leur objectif : nous mettre la tête à l'envers. Et ce n'était pas fini...

(*) Voir chapitre 59, « *Les taxis de Buenos Aires* ».

82

Le match de la honte

Le staff de l'équipe de France s'est toujours plaint, à juste titre, du nombre insuffisant de jours durant lesquels il dispose librement des internationaux. Cet automne 2004 démontra néanmoins que parfois, plus il en dispose, pire c'est : nous avions battu l'Australie après seulement cinq jours de préparation, puis perdu face aux Argentins avec la même équipe. Et encore, ce n'était là qu'une tendre désillusion à côté du drame que nous vécûmes face aux All Blacks pour finir. Un cauchemar similaire à la fessée que nous avaient infligée les Springboks au Parc des Princes en 1997. Mais cette fois, c'était moi le capitaine...

Le match dura un siècle. Les Blacks volaient, nous coulions à pic. Après un énième essai, je montai sur un renvoi. À la tombée du ballon, pas un bleu. Que du noir, noir comme mes idées. Un maul pénétrant nous emporta sur quarante mètres. Je me revois en train de penser, mi-incrédule, mi-résigné, comme spectateur de la tragédie en train de se jouer : « Là, on est en train de se faire défoncer, on est ridicules. » J'étais capitaine, la Coupe du monde était dans trois ans et je ne savais pas comment on allait pouvoir faire...

Mais le pire était encore à venir. Après une ultime blessure, nous n'avions plus de joueurs de première ligne disponibles. Nous avions atteint le degré zéro de la rébellion. Je m'approchai de l'arbitre et lui dis, navré : « Pardon, mais on doit simuler les mêlées... » Pour un avant, c'est le sommet de la honte. Et j'avais honte, tellement honte.

Le pire, c'est que sur le moment, je pensais : « On n'est plus à une humiliation près... » Je ne voyais aucun sentiment de révolte dans le regard de mes partenaires ; je vis même une forme de soulagement chez certains. Je ne les juge pas ; nous étions dépassés et il fallait arrêter le massacre par n'importe quel moyen. Nous avions touché le fond.

Au coup de sifflet final, le vestiaire avait les allures d'une ville dévastée après le passage d'une tornade. Nous étions lessivés, essorés, séchés. Tandis que dehors, sur la pelouse du Stade de France encore éclairée, les arrières all blacks qui venaient de finir la rencontre jouaient à toucher avec les remplaçants !

Je me souviens qu'au banquet, Richie McCaw, le capitaine néo-zélandais, vint s'asseoir avec nous. Il était heureux, mais désolé pour nous. Il respectait notre détresse, pesant chaque mot de peur de nous enfoncer un peu plus. Je n'osai pas le regarder. Je gardai la tête basse durant tout le repas.

Jamais une défaite ne m'avait fait aussi mal et jamais je ne mis autant de temps à me remettre d'un revers que cette fois-là. Je me réveillai quelquefois la nuit après ça. À chaque fois, me revenait la même image : une équipe démolie sans réaction et moi, au milieu, capitaine impuissant brandissant le drapeau blanc...

83

Le banquet de la discorde

Je n'ai jamais été un homme de discours. Parfois, en certaines occasions, j'aurais même carrément mieux fait de me taire.

Le 5 février 2005, l'équipe de France peina pour s'imposer face à l'Écosse. Un contre de Lamboley sur la fin sauva notre partie. Clairement, le traumatisme de l'automne précédent était toujours dans nos têtes.

La rencontre terminée, les questions posées à la conférence de presse laissaient déjà entrevoir les titres négatifs dans la presse du lendemain. Lors du traditionnel mot du capitaine, je décidai de désamorcer la vindicte journalistique.

Après le coup de massue de l'automne face aux Blacks, nous avions besoin de soutien moral. Aussi déclarai-je : « Il n'y a pas de petites victoires, il n'y a que des gens pour les minimiser. » Gêne dans la salle, jusque dans le rire jaune du président Lapasset. À défaut de désamorcer, j'avais amorcé ! Les jours suivants, je repris le boomerang en pleine face…

J'ai souvent eu du mal avec l'analyse extérieure, même celle des observateurs les plus avisés. Il y a quelque chose d'humiliant dans ce décalage entre l'investissement des joueurs et le ressenti des gens. « Cette équipe n'a pas d'âme » est la phrase préférée des journalistes face à une formation en souffrance. Pourtant, ça ne veut rien dire. Parfois, les choses ne s'enchaînent pas comme on le voudrait sans que quiconque puisse expliquer pourquoi. Mais une équipe dont il ne se dégage rien, si ce n'est une médiocrité poussive, c'est souvent une équipe en grande carence de confiance.

C'était le cas de ce quinze de France à qui il faudrait longtemps pour se remettre de la marée noire de novembre 2004. S'il s'en remit un jour. D'autant que, deux ans plus tard, les Néo-Zélandais allaient passer la deuxième couche…

84

L'honneur n'est pas sauf

Après être passés près du précipice face à l'Écosse, nous allions poursuivre ce Tournoi 2005 à Twickenham. Le *« crunch »* ne s'annonçait pas des plus reluisants. Une France en convalescence, face à une Angleterre au bilan de santé à peine meilleur ; c'était l'hôpital contre la charité. Les Anglais dominateurs mais en panne de buteurs nous offrirent la partie sur un plateau et Dimitri Yachvili n'eut cette fois pas besoin d'un bout d'élasto pour achever le malade. Le hold-up était bon à faire, nous le fîmes, ce qui regonfla quelque peu notre confiance.

Mais cette confiance était encore bien fragile et les Gallois en profitèrent au Stade de France. Nous menions à la pause, mais nous nous écroulâmes physiquement en deuxième mi-temps. Le tournant du match vint lorsque le troisième ligne Martyn Williams se défit de mon emprise et fila à l'essai de la victoire. C'était la possibilité d'un cinquième Grand Chelem qui venait de filer entre mes doigts et avec, un peu de mon honneur. Moi qui m'étais fait un devoir tout au long de ma carrière de ne jamais me manquer sur ces fondamentaux, j'avais failli. Je ne m'en ouvris à personne après le match, sinon à moi-même. Et la conversation fut houleuse…

Finalement, ce Grand Chelem revint justement aux Gallois à l'issue du Tournoi. Ce n'était que justice. Cette équipe rafraîchissante et son jeu spectaculaire, dont les supporters attendaient ce moment depuis si longtemps, offraient une belle image du rugby. Les chœurs gallois résonnèrent dans les rues de Cardiff. Et j'aime bien cette musique-là, alors…

85

Une centième de m...

Le problème d'une équipe de rugby, finalement, c'est qu'une fois le groupe tombé dans l'engrenage du comique troupier, il y en a toujours un pour franchir la ligne jaune. Comme si, d'un coup, les adultes « responsables » – bien que je doute que certains l'aient jamais vraiment été – redevenaient ces ados de l'école de rugby agglutinés au fond du bus, les fesses collées à la vitre arrière. Ma centième sélection fut l'occasion de m'en rendre compte une fois de plus... si tant est que j'en aie pas été déjà convaincu.

Tout avait pourtant bien commencé. J'avais d'abord tenté d'occulter un peu l'événement. Après la défaite à domicile face au pays de Galles, il fallait absolument rebondir à Dublin. Je ne voulais pas que mon histoire personnelle ne nous distraie de l'enjeu réel de la rencontre. Mais il y eut beaucoup d'articles dans la presse et je ne pus échapper à la symbolique de ce chiffre rond que j'étais le deuxième joueur français à atteindre après Philippe Sella.

Les festivités débutèrent lors de l'entraînement du capitaine. Un bleu azur habillait le ciel du vieux Lansdowne Road sur lequel nous nous échauffions quand tout le monde s'arrêta. Surprise : Bernard Viviès entra alors sur la pelouse champagne à la main. Avant de trinquer, Bernard Laporte prononça quelques mots : « Nous sommes fiers d'être là avec toi pour ta centième. » Jo Maso en remit une couche, faisant de moi « une légende du rugby », etc. C'était sympa, bien sûr, mais un peu trop comme toujours en pareille occasion. N'empêche, j'étais touché, ému de cette petite cérémonie intimiste, à l'ancienne, sans en faire des tonnes...

Une fois le verre vidé, il y eut comme un blanc. Que je rompis : « Allez, les gars, c'est l'heure du toucher. » J'avais instauré ça quelques années plus tôt pour en finir avec les entraînements du capitaine où l'on ne fait que répéter ses gammes. Pour le coup, l'exercice destiné à dédramatiser le rendez-vous capital à venir convenait bien aux circonstances.

Jusqu'au matin du match, je reçus beaucoup de messages d'amitiés, de félicitations. Mais l'un des plus beaux fut celui que m'envoya le public de Lansdowne Road. Dans le couloir des vestiaires, Brian O'Driscoll me fit signe de sortir en premier. Tous les joueurs me laissèrent entrer seul sur la pelouse. Pendant quinze secondes, les Irlandais, pour qui j'ai tant d'affection, me réservèrent une magnifique ovation. Ce moment est à jamais gravé dans ma mémoire. La suite aussi, mais pour des raisons différentes...

Nous fîmes quasiment un match parfait. Pour ses débuts, Benoît Baby marqua un essai lumineux... assorti d'un non moins lumineux coup de tête sur O'Driscoll qui lui coûta cher ensuite. Au banquet, on le fêta néanmoins ainsi qu'on célébra la cinquantième sélection de Sylvain Marconnet. Et ma centième. De quoi vivre une grande soirée, et je crois bien qu'on la vécut.

Au passage, en guise de souvenir de l'événement, la Fédération m'offrit un plateau argenté avec mon nom et le chiffre cent gravés dessus. Rentré à Marcoussis pour préparer le dernier match face à l'Italie, j'oubliai l'objet dans la salle commune. C'est en tout cas ce que me firent réaliser mes coéquipiers. Mais le petit rictus de quelques-uns d'entre eux me fit penser qu'il y avait anguille sous roche. Quand j'allai jeter un œil dans ladite salle, comme par hasard, le plateau n' y était plus. Je regagnai donc ma chambre. Et, là, que trouvai-je en arrivant ? Le plateau « serti » d'un « bel » étron !

Animé d'une froide colère, je pris le plateau, rejoignis les gars qui, évidemment, se retenaient de pouffer de rire. Je leur posai l'objet sous le nez et leur assénai : « Je ne me prends pas pour Dieu, mais si je ne récupère pas le plateau dans son état initial, je vous le rendrai au centuple. »

Furent-ils pris de peur ? De remords ? Ou bien le rugbyman a-t-il suffisamment d'éducation pour réparer lui-même ses bêtises ? Quoi qu'il en soit, quand ils me le ramenèrent, le plateau était même mieux qu'à l'origine. C'est l'unique raison pour laquelle je ne dévoilerai pas ici le nom du coupable. Même si ça me démange…

86

Un caillou dans la chaussure

Jusque-là, j'avais finalement promené ma vieille carcasse sans trop de pépins. Nous étions en 2005, j'avais déjà pas mal de kilomètres au compteur mais les signes d'usure se comptaient sur les doigts d'une seule main. Je vérifiais régulièrement les niveaux, tous les contrôles techniques étaient OK. C'était trop beau pour que cela dure encore longtemps.

C'est trois semaines avant la finale de Heineken Cup face au Stade Français que mon corps donna l'alerte. Je venais d'entrer en jeu en Championnat face à Bourgoin quand il grinça une première fois : distension du ligament latéral interne. Rien de grave, plus de peur que de mal. Je manquai la demi-finale gagnée à Leicester, mais j'étais sur le pont pour la finale d'Édimbourg.

La partie ne dura que cinquante minutes. Je sentis mon genou craquer et compris immédiatement que la finale était finie pour moi. Mais cinquante minutes, c'était suffisant pour me sentir tout autant champion d'Europe que mes coéquipiers. Ma saison était terminée, mais elle l'était déjà quasiment de toute façon. Et, pour l'heure, je ne boudais pas mon plaisir : primait la joie de ce deuxième titre européen que nous fêtâmes comme il se doit, au point que Florian Fritz, dans un élan de bonheur, plongea dans le canal du Midi à notre retour à Toulouse !

J'en étais même à me dire que finalement, cette blessure allait juste me permettre d'avoir des vacances un peu plus longues. Et m'autoriser à souffler après avoir honoré quarante et une sélections depuis mon retour chez les Bleus début 2002 et enchaîné trois grosses saisons en club. Je ne pensais pas du tout qu'avec ce repos forcé, c'est un caillou qui venait de s'introduire dans ma chaussure. Un caillou signifiant le début d'une période de galères qui ne se terminerait vraiment qu'avec ma convocation pour la Coupe du monde 2007.

87

Entre le marteau et l'enclume

On m'a souvent demandé : « Échangerais-tu un titre de champion de France contre dix sélections ? » C'est l'une des questions les plus stupides que j'aie jamais entendues. Échangerait-on son père contre sa mère ?

Le Stade Toulousain est le club de ma vie. Et de cette vie, j'ai passé deux années entières avec l'équipe de France. J'ai compté… Tant que tout allait, j'assumais l'un et l'autre. Mais en cet automne 2005, j'avais tout juste sorti le genou de la boîte à gants. J'étais suspendu. J'étais affaibli physiquement et moralement. Au même moment, un projet de création de provinces ressortit des cartons. À cent mille lieues de la chose politico-rugbystique, j'imaginais qu'on évoquait ici une solution globale pour que les joueurs jouent moins. Lorsque la presse m'interrogea, en tant que capitaine du quinze de France, je répondis naïvement : « Pourquoi pas ? »

Je me retrouvai aussitôt pris au piège des vieilles querelles clubs-Fédération. La FFR, Bernard Lapasset et Bernard Laporte, réfléchissant à l'idée de regrouper les internationaux, m'avaient lancé tel un bouchon, histoire de voir si cela allait mordre. Tout le monde s'engouffra dans la brèche. À Toulouse, on commença à sous-entendre que le club n'était pas le plus important pour moi. Comme par hasard, mon contrat de cinq ans arrivait à expiration. Je sentais que le club profitait de la situation pour faire traîner les choses. Moi qui déteste être dans l'inconnu et qui aime prévoir, je fus miné par cette histoire. D'autant qu'après le genou, je vécus le bannissement international pour un mauvais geste avec les Bleus[*]. Je dus donc attendre de nombreuses semaines pour me sentir libéré et ne plus me réveiller à quatre heures du matin assailli par des idées noires.

Au final, tout le monde se servit un peu sur la bête. Le Stade Toulousain me fit prolonger sans augmentation et Bernard Lapasset, en fin stratège, rangea le projet des provinces à sa place dans un carton.

Lire chapitre 88, « *Boulet de Cannon* ».

88

Boulet de Cannon

Depuis ce bout de hanche laissé à Bayonne douze ans plus tôt, je n'avais plus jamais été grièvement blessé. Là, pour la première fois de ma carrière, je n'avais pas débuté la saison 2005-2006. Après quatre mois d'indisponibilité depuis la finale d'Édimbourg, j'avais tout perdu. Mais à peine avais-je repris que Bernard Laporte fit à nouveau appel à moi pour affronter l'Australie.

À l'entame, j'étais dans le rythme. C'est en deuxième mi-temps que la lumière s'éteignit. La mienne, et celle de Brendan Cannon à qui j'assénai un coup venu de nulle part, en dehors du jeu, et qui lui ouvrit la pommette.

Cela ne me serait sans doute pas arrivé en début de partie. Je devais forcément être en surrégime pour témoigner d'aussi peu de maîtrise et commettre un geste aussi stupide. Si les arbitres ne virent rien sur l'instant, le commissaire chargé de la discipline ne me manqua pas, lui. Citation, sanction : neuf semaines de suspension.

J'ai assumé la débilité de mon acte et purgé mes neuf semaines. Mais il m'a fallu un moment pour ne plus me sentir affecté par cet incident. Même en parler me gênait. Je n'étais pas très fier. J'avais été l'auteur d'un geste comme ceux que je n'aime vraiment pas voir sur un terrain. Moralement, j'ai eu du mal à refaire surface.

Et puis le temps a passé. Je ne cautionne toujours pas mon geste, mais, aujourd'hui, je tire mon chapeau à Brendan. Il a finalement résisté à deux choses dans sa vie : un grave accident de voiture et mon coup de coude…

89

Écossés comme des petits pois !

Je retrouvai les Bleus pour le Tournoi 2006. Cela tombait bien, j'étais en manque. Mes neuf semaines de suspension m'avaient permis de bosser dur et ainsi de positiver cette absence. Mais, ayant toujours beaucoup joué auparavant, j'avais besoin des matches pour entretenir et régler la machine.

Bien que nous soyons donnés favoris dans tous les pays, le premier déplacement n'annonça rien de bon. Nous restâmes bloqués à l'arrivée à Édimbourg. Motif : l'aéroport ne disposait pas d'une passerelle assez haute permettant le débarquement des 380 passagers. Il faut dire que lorsque le quinze de France voyage, il draine dans son sillage une armée mexicaine emmenée par l'agence « agréée » : les autres équipes de France, des dirigeants, des journalistes, des supporters, etc.

Tous en eurent pour leurs frais car, à part les plaisirs de la capitale écossaise, ils ne virent pas grand-chose, sinon la furia du quinze du Chardon que nous fûmes incapables d'endiguer. Après celle de 1996 au même endroit, je vivais ma deuxième défaite face à l'Écosse. On compta des victimes collatérales. Parmi elles, Ludovic Valbon, le centre briviste, héros malheureux de notre piètre prestation. Ce jour-là, à chaud, Ludovic brisa net le fantasme selon lequel les joueurs seraient briefés par le staff avant d'affronter les journalistes. Je n'avais jamais vu joueur aussi sévère avec lui-même. Chose à ne jamais faire, il lança la machine médiatique – « Je suis nul », déclara-t-il ! – et elle lui revint comme un boomerang lorsque son cri du cœur fut retranscrit dans tous les journaux. Cela a tué sa carrière internationale dans l'œuf et je crois que, malheureusement, il ne s'en remit jamais vraiment.

L'ironie de l'histoire, c'est que ce jour-là, je dépassai le record du nombre de capitanats de Jean-Pierre Rives et de Philippe Saint-André (34 chacun), lequel avait été le capitaine de mon premier revers à Murrayfield, dix ans plus tôt. Comme quoi le souci de transmettre aux générations suivantes est tellement fort dans le rugby français qu'on se transmet même l'art de se vautrer.

90

Les Bourgeois dansent sans rien dire…

Le public ne réagit qu'à ce que les joueurs lui offrent sur le terrain. En France, surtout. Les supporters anglais s'habillent en blanc, vont au stade et soutiennent leur équipe. Quoi qu'il arrive. Les Français n'ont pas cette culture. Eux avancent masqués. Si ce qui leur est proposé est non seulement efficace mais aussi spectaculaire, là, les spectateurs deviennent supporters (on ne les reconnaît qu'après plusieurs victoires, souvent…). Et ils peuvent alors rendre le plaisir au centuple. Quand vous jouez face à l'Italie, ils voudraient vous voir tout jouer à la main, déclencher une orgie de jeu. Quel que soit l'adversaire, peu leur importe qu'une victoire se construise : l'attente n'est pas dans le succès, mais dans l'écart et dans la manière.

De là à faire d'eux des « Bourgeois de merde », c'est aller trop loin. Je trouvai un peu gratuite cette injure lancée par Bernard Laporte à l'issue de la victoire sur l'Irlande. Bernard était excédé par les sifflets dont Fred Michalak avait été l'objet durant la partie. Le problème est que Fred est un joueur qui s'expose, à un poste déjà par essence exposé. Et quand on donne beaucoup médiatiquement, les gens attendent beaucoup. C'est le système ; il faut l'accepter…

Et puis le public n'avait pas pesté que contre Fred, mais contre toute l'équipe, Bernard y compris, sans doute, pour avoir produit une deuxième mi-temps catastrophique. Nous avions explosé physiquement et étions passés tout près de la correctionnelle.

Ah oui, parce que j'oubliais un dernier détail quant à l'exigence de nos supporters français : si on veut qu'ils quittent le stade de bonne humeur, et même si le but reste de marquer plus de points que l'adversaire au bout des quatre-vingts minutes, mieux vaut mal commencer un match que mal le finir.

D'ailleurs, lors du match suivant, nous étions menés 12-6 à la pause par les Italiens au terme d'une période au moins aussi mauvaise que la deuxième face aux Irlandais. Mais comme nous l'emportâmes finalement 37-12, tout le monde quitta le stade heureux. Y compris les « Bourgeois » qui, pour paraphraser Brel – à propos des *Flamandes* – dansèrent alors sans rien dire… Ils n'avaient même pas pu réagir à la critique de Bernard. Contrairement à l'habitude, les organisateurs avaient cette fois évité de citer le nom du sélectionneur lors de la présentation des équipes et de l'inscrire sur les écrans géants. Un oubli, probablement…

91

Vidéo gag

Avant d'affronter l'Italie, nous nous étions retrouvés une grosse semaine. C'était donc après l'affaire des sifflets et des « Bourgeois de merde » du Stade de France... Comme en 2003, nous nous attendions à une séance vidéo salée de Bernard. Et elle le fut, mais pas pour les raisons que nous imaginions.

Le staff commença par nous réaffirmer sa confiance malgré la fin de match difficile face à l'Irlande et nous félicita des témoignages de soutien que certains d'entre nous avaient adressés à Fred Michalak, en privé ou publiquement. Jo Maso passa alors la parole à Bernard qui avait, selon lui, « quelque chose d'important à vous dire ».

Bernard, très habilement, s'en prit immédiatement et directement à Pieter De Villiers et Rafa Ibañez. Sur un montage vidéo du France-Irlande qu'il avait fait préparer, on voyait d'abord Pieter trébucher, seul, à deux mètres d'un regroupement. Puis, Rafa regagner son camp d'un pas hésitant, K.-O. qu'il était après une percussion de l'ailier Shane Horgan, avant de mettre un genou à terre. « Je veux bien tout accepter, lança le coach, mais je ne peux pas admettre que l'on joue bourré sur le terrain ! J'ai donc demandé à Jo de supprimer le vin à table. » La séquence fut rediffusée plusieurs fois et, évidemment, nous la visionnâmes totalement hilares... et soulagés pour certains de la teneur de la réunion.

Contrairement à 2003, c'est après coup que la séance vidéo fit sur moi son effet. Essoré par une gastro-entérite, je fus porté pâle et placé à l'isolement.

32

Sarko entre en scène

Ce Tournoi 2006 se termina bien mieux qu'il n'avait débuté. D'abord, après des mois d'attente, la prolongation pour deux ans de mon contrat avec Toulouse avait été officialisée. Et puis l'Angleterre, en se faisant battre à son tour en Écosse, nous avait remis dans la course. Nous saurions saisir l'occasion, avec une victoire nette et maîtrisée face aux Anglais, et enfin un beau succès à Cardiff nous offrant la victoire finale. Je ne savais pas alors que ce onzième Tournoi disputé consécutivement serait mon dernier… Au passage, Fred Michalak se rappellerait au bon souvenir des « Bourgeois ». D'un petit coup de pied par-dessus donnant l'essai de la victoire à Florian Fritz, Fred nous ferait encore gagner un match, et encore un match important…

Entre-temps, le lundi avant le match face à l'Angleterre au Stade de France, nous eûmes pour la première fois l'occasion de penser de manière concrète à la Coupe du monde 2007. Le staff avait en effet répondu à l'invitation de Nicolas Sarkozy. Celui qui n'était alors « que » ministre de l'Intérieur était déjà venu déjeuner avec nous à Marcoussis à l'automne. Cette fois, il nous recevait place Beauvau en grande pompe et en l'occurrence, l'expression est tout à fait appropriée : tout le temps que nous passâmes avec lui, il resta sur la pointe des pieds !

L'ambiance fut détendue. Le futur président ironisa à dessein sur l'année 2007 : « J'aurais aimé vous voir gagner le Grand Chelem cette année. Tant pis. Mais l'important, c'est 2007. Si je vous dis ça comme ça, on va se demander si je pense à 2007 pour vous ou pour moi… » Après avoir quitté le ministère, on passa à la boutique *Nike* sur les

Champs-Élysées avant d'aller dîner, le soir, à Géo-André, au restaurant *Le Stade*, propriété de Pieter De Villiers et Sylvain Marconnet. Autrement dit, en une soirée, on avait fait un petit tour de la galaxie Laporte !

93

Plein les Basques !

Une finale ne devrait être disputée que si les deux équipes ont une chance de l'emporter. Le seul problème réside dans la difficulté de savoir à l'avance si tel est le cas. Avant celle du Top 14 2006 face à Biarritz, notre échec était prévisible pour qui vivait à l'intérieur du groupe. La demi-finale à Lyon face au Stade Français avait été tellement dure que nous y avions laissé beaucoup de forces. Nous étions contents d'avoir gagné, contents d'être en finale, mais nous ne ressentions pas de légitimité à atteindre ce stade de la compétition. Nous abordâmes bizarrement la dernière marche, comme s'il s'agissait d'un match normal, sans la rage de vaincre pourtant indispensable à la gagne.

Face à des Biarrots au-dessus du lot tout au long de la saison, comme nous le serions à notre tour en 2008, cela ne pardonna pas. Dès qu'ils prirent l'avantage au score, nous fûmes distancés, signe que, mentalement, nous n'étions jamais vraiment rentrés dans ce match.

C'était, pour la première fois depuis longtemps, une finale de fin d'après-midi, en raison, si j'en crois mes souvenirs, du coup d'envoi de la Coupe du monde de football en Allemagne. Ce ne fut donc pas une finale de gala, mais une finale d'apéro, quand on ne fait que passer chez les hôtes, pas assez amis pour rester dîner, pas assez motivés pour pousser plus loin la soirée.

Le Stade Toulousain encaissa ce soir-là sa plus grosse défaite dans une finale. En même temps qu'un gros coup sur la tête. On écrivit ensuite que Guy Novès avait du mal à s'en remettre. Certains se demandèrent même s'il s'en remettrait ! Guy, je l'ai connu parfois dubitatif parce que, croyant dur comme fer à son système et à son club, il avait du mal, de prime abord, à comprendre l'échec. Mais jamais je ne l'ai vu abattu par une défaite plus d'une heure et encore moins inquiet pour l'avenir.

À l'époque, on parla même de fin de cycle, juste parce que nous n'avions plus été champions de France depuis cinq ans, malgré deux finales, et plus été champions d'Europe… depuis un an ! L'expression « équipe en fin de cycle » arrive en général dans la bouche des journalistes juste après « équipe sans âme ». Je les ai tellement entendues, ces expressions, que je me demande si cela ne figure pas dans un manuel des formules types fourni par les écoles de journalisme.

Une équipe est de fait en perpétuel renouvellement. Cela met plus ou moins de temps selon les clubs, selon les formations. Parfois, simplement, parce que les joueurs restent performants plus longtemps. La symbolique de la victoire est tellement forte qu'elle nourrit la confiance dans un groupe, et la confiance appelle la confiance, créant ainsi un cercle vertueux, dont il n'est pas évident de s'extraire lorsque les résultats changent. Quand on a gagné, on a tendance à ne retenir que le score ; quand on a perdu, on ne retient que les erreurs…

En l'occurrence, on retint que le meilleur joueur d'en face, Thierry Dusautoir, allait nous rejoindre à l'intersaison. Nous en étions ravis. Surtout moi : mon corps avait gardé en mémoire les séquelles d'un de ses plaquages dévastateurs.

94

Presse-citron

Les joueurs affirment souvent leur détachement vis-à-vis des médias. Ils ne lisent pas la presse, prétendent-ils, ils s'en fichent... Ce n'est souvent qu'un bouclier. Mais, même quand c'est vrai, il en reste toujours quelque chose.

Il m'est moi-même resté cette une de *Midi Olympique*, début juin 2006. En manchette du journal, une photo de meszigues, avec ce titre : « Seul au monde ». Le moins que l'on puisse dire, c'est que j'étais contesté. Et marqué un peu plus encore par cette remise en cause médiatique appuyée...

Mais j'étais alors, encore pour quelque temps, le capitaine du quinze de France. Et même si le voir écrit comme ça est dur à accepter, les journalistes n'ont pas à se soucier des états d'âme des joueurs : sportivement, c'est vrai, il y avait à redire. Après ma blessure d'Édimbourg, j'avais mis énormément de temps à revenir. J'avais redoublé d'efforts après le Tournoi, mais cela ne rejaillissait toujours pas sur mes performances. Je savais que je n'étais pas très bon. J'étais en plein doute.

Dans pareille nasse, la confiance du coach est capitale. Heureusement, en l'occurrence, j'avais gardé celle de mes entraîneurs. Guy Novès comme Bernard Laporte. Malgré mes carences du moment, ce dernier décida de m'emmener en tournée. On débuta par une large et anecdotique victoire en Roumanie. En revanche, le passage en Afrique du Sud n'eut rien d'anodin.

Au Cap, lieu du test-match, les organisateurs sud-africains voulurent nous faire entrer sur la pelouse en premier alors que les Springboks n'étaient même pas encore arrivés dans le couloir des vestiaires. Histoire de nous faire subir la pression du public... Je refusai : « Non, on les attend », répondis-je fermement. Je voulais montrer, autant à mes coéquipiers qu'à moi-même, qu'on était bien là, droits dans nos crampons. Au final, le quinze de France s'imposa. Ma seule victoire chez les trois grands de l'hémisphère Sud...

Ce succès suffit à me faire beaucoup de bien. J'avais refusé de subir, de céder. J'avais décidé de me battre. Mais le combat était loin d'être fini, y compris face à mes détracteurs...

95

Zidanesque

J'étais dans un bar à Porto en Corse. La nuit était chaude. L'ambiance aussi. Il y avait beaucoup d'Italiens mais aussi beaucoup de verres déjà descendus quand, sur TF1, Thierry Gilardi hurla cette phrase dont j'ai gardé l'écho : « Qu'est-ce qu'il a fait ?!!!! C'est pas possible ! C'est pas possible !!! » Zinedine Zidane venait d'être expulsé en finale de la Coupe du monde 2006.

J'ai trouvé ça tellement humain. Beaucoup de gens ont une image fausse du sportif professionnel. À la base, c'est un jeune passionné doué pour sa passion. Et plus il va haut, plus il est doué et passionné. L'argent, la médiatisation, ne sont que des conséquences de cette passion. Ceux qui pensent que, parce qu'on gagne beaucoup d'argent, on ne doit plus craquer, se trompent.

Pourquoi un sportif de haut niveau pète-t-il les plombs ? On peut trouver cinquante manières de l'expliquer en raisonnant un peu. Mais le souci, justement, c'est qu'à ce moment précis, le sportif ne raisonne plus ! Ses émotions prennent le dessus, elles sont trop fortes.

Zidane, je l'admirais trop pour le condamner. Beaucoup lui sont d'abord tombés dessus, avant que le grand public ne lui pardonne. Il avait donné trop de bonheur aux gens pour qu'on le fasse chuter de son piédestal. D'ailleurs, à peine a-t-il été, depuis, désacralisé... Il était idolâtré, mais ce n'est pas lui qui a voulu ce statut. Certains affirment encore qu'il n'avait pas le droit de faire ça en finale de la Coupe du monde. Mais que ce soit une finale de Coupe du monde ou un match à Saverdun, quand tu es touché humainement, tu réagis comme un homme.

Après coup, on a rapproché son geste de ma modeste contribution quelques mois plus tôt sur l'Australien Brendan Cannon. Sauf qu'à la différence de Zidane qui avait été provoqué, moi je n'avais même pas cette excuse : j'avais juste dégoupillé ! Et, sur le moment, ce geste fut sans conséquence, car il ne fut sanctionné qu'après.

En revanche, un nouveau réflexe idiot, deux ans plus tard, me laissera davantage d'amertume. Et cette fois, je connaîtrai un sentiment proche de celui qu'a peut-être ressenti Zinedine en ce 9 juillet 2006 : la culpabilité d'avoir fait perdre son équipe.

96

Double effet All Blacks

Deux ans après le revers historique du Stade de France, les All Blacks étaient de retour dans l'Hexagone. Vainqueurs du Tournoi précédent, vainqueurs des Boks chez eux en juin, nous nous sentions mieux armés et bien décidés à ne pas revivre la même déconvenue. En plus, on annonçait de la pluie sur Lyon ; c'était bon pour nous…

Ce fut finalement pire qu'en 2004. Je pris rapidement un carton jaune pour fautes répétées, signe de nos difficultés, des miennes en particulier... C'est l'unique carton de ma carrière sur la scène internationale. À sept, les gars devant s'accrochèrent et tinrent tant bien que mal. Je rentrai sur une mêlée à cinq mètres de notre ligne. On explosa comme du pop-corn… Deux minutes après, je me cassai une côte et dus quitter le terrain. Le score final fut encore plus lourd qu'en 2004 et, je ne le savais pas encore, je ne retrouverai le quinze de France qu'un an plus tard…

Mais je ne sais pas pourquoi, malgré le score, le carton, la côte cassée et ma traversée du désert en suivant, je ne souffris pas autant de cette défaite que de celle de 2004. Peut-être parce que la deuxième fois, ça fait toujours moins mal…

Et puis aussi parce que Jonah Lomu avait donné le coup d'envoi et que j'ai toujours eu de l'affection pour celui qui a été et qui reste la seule star planétaire que le rugby ait enfantée (avec beaucoup moins de mal que sa mère biologique sans doute !). Jonah a toujours été un homme charmant en dehors mais aussi sur le terrain. Et heureusement, sinon il aurait tué quelqu'un !

Je me demande d'ailleurs s'il n'y a pas un risque pour les adversaires depuis qu'il a signé à Marseille en Fédérale 1, soit la troisième division française. Pour ces derniers, affronter Marseille ne sera pas seulement le match de l'année, mais le match de leur vie !

J'admire la passion de Jonah qui le pousse à porter à nouveau le maillot d'un club, à 20 000 kilomètres de chez lui, après tant d'années passées loin des pelouses. Je ne crois pas qu'il ait été convaincu par l'aspect financier. En tout cas, vu ce qu'il a dû gagner au cours de sa carrière, je ne l'espère pas pour lui ; ce serait mauvais signe. Non, je crois vraiment qu'il n'a pas admis devoir renoncer au rugby pour cause de maladie.

C'est un défi qu'il se lance. En l'acceptant, il a beaucoup à perdre. Sa légende en sera forcément écornée. Et au fond, au regard de cette légende, cela m'attriste que Jonah « finisse » en troisième division.

97

Dans le couloir de la (petite) mort

C'était un beau jour de décembre. Le soleil d'hiver inondait la jolie pelouse d'Ernest-Wallon. Depuis le passage des Blacks, mes côtes avaient retrouvé leur alignement. Et moi, j'avais retrouvé le mien, au milieu de mes partenaires, frais et motivé. Nous accueillions les Gallois de Llanelli. Nous jouions justement une touche lorsque, lorsque…

L'annonce m'était destinée. Je sautai, soutenu par mes coéquipiers. Facile, Llanelli n'avait opposé aucun contre. Je saisis le ballon aisément et retombai… mal. Sur un pied, pensai-je d'abord avec peine pour le malheureux élu qui venait de se ramasser 120 kg sur la base. Mais non, pas de pied adverse, juste un trou, un mauvais trou. Je m'écroulai : je n'avais pas perdu le ballon, j'avais perdu ma cheville.

Des touches, j'en avais fait des milliers. Alors pourquoi celle-là ? Il faut bien que le destin y soit encore pour quelque chose. Comme si pour mieux nous apprendre à la savourer, la vie se chargeait de placer sur notre chemin quelques épreuves à surmonter…

Avec ma cheville, c'est mon existence qui partit en vrille pour quelque temps. Les médecins pensaient à m'opérer. Mais être opéré, c'était à coup sûr dire adieu à la Coupe du monde qui était là, tout près, dans moins d'un an. Voilà quatre années qu'on en parlait, que Bernard Laporte en parlait. Il y a avait eu cette polémique générée par l'idée de me détacher avec quelques-uns pour mieux préparer l'événement, me mettant au passage une pression supplémentaire que je n'avais pas voulue. Au final, il était quand même devenu inconcevable ne pas y participer. Je rejetai donc l'opération, trop risquée.

Chaque fois que cela allait mieux, j'essayais d'aller courir. Mais, à nouveau, l'articulation gonflait, s'enflammait. On diagnostiqua une algodystrophie… Il y avait dans tout ça un facteur psychologique, affirmaient les spécialistes : le stress lié à la blessure ajoutait à la blessure elle-même, disaient-ils, et, pour eux, mes chances de revenir à temps et de revenir tout court étaient minces, pour ne pas dire nulles.

Dès lors, je me vis privé de rugby, coupé de ma passion. Fini de pousser en mêlée, d'appuyer un plaquage ou de faire une passe pour un partenaire... Dans les médias, dans mon environnement, je sentais des regards apitoyés de plus en plus gênés à mon égard. De plus en plus gênants, aussi…

Petit à petit, je construisis d'autres liens, à l'écart du groupe de joueurs, aussi. Christophe Foucault, notre kiné, savait la gravité de la blessure. Il était néanmoins d'un soutien permanent et indéfectible : « Prends le temps, sois patient », répétait-il inlassablement. Mais du temps, je n'en avais pas !

Quand enfin, je goûtai à nouveau au terrain contredisant ainsi les pronostics médicaux, je me trouvais « lourdaud ». Je n'étais pas dans le rythme, jamais au bon endroit, donc je ne touchai aucun ballon. Et à peine avais-je tenté un retour que je me cassai le nez ! Depuis la finale de Coupe d'Europe 2005, j'avais enchaîné : genou, suspension, côtes, cheville, nez… J'avais dû attendre 33 ans pour vivre une telle série. Le meilleur pour la fin ? Tu parles !

Au fil de ces mois sans rugby, je me renfermai sur moi-même. Au fond, j'avais perdu ma joie de vivre. Je n'avais plus envie de rien, je broyais du noir, je m'enfonçais dans le cynisme. Ne parlant pas et encore moins de mon état quasi dépressif... C'est pour mes proches, ma femme et mon fils, que cette période fut la plus difficile. Il y a quelque chose de terriblement égoïste chez le sportif de haut niveau et, en même temps, de terriblement ingrat pour les siens : bloqué chez lui, il vit la frustration de ne pas être ailleurs… Et la fait supporter aux autres.

Mon épouse Florence n'a pas vécu dans une famille de sportifs. D'autant plus difficile alors pour elle de comprendre dans pareil cas les réactions et la vie décalée de l'autre, la connivence avec les autres joueurs et l'investissement que le sport de haut niveau réclame pour réussir. À l'échelle du couple, ce ne sont plus alors que des facteurs d'éloignement... Même lors d'un déplacement, fût-il très long comme lors d'une Coupe du monde, l'absence de l'autre n'est pas vécue de la même façon. Nous sommes en manque des nôtres parfois, bien sûr, mais nous ne sommes jamais seuls, protégés et couvés par le groupe. Surtout, c'est une vie que nous avons choisie, une vie devenue parallèle, en marge, en décalage avec le monde réel...

Les sportifs professionnels sont des marins, privilégiés certes, mais des marins tout de même. Et il n'y a rien de plus morose qu'un marin cloué au port... En ces premiers mois de 2007, mon monde, ma carrière de rugbyman, ma vie de famille, tout s'effritait. Il était grand temps de reprendre la mer, coûte que coûte.

98

Politique fiction

Toujours absent des terrains au printemps 2007, je mis à profit mon temps libre pour une nouvelle occupation : la campagne électorale en vue des municipales de 2008.

Jusque-là, dans ma vie, j'avais voté alternativement à gauche comme à droite, selon les scrutins. Mais Jean-Luc Moudenc, maire sortant UMP de Toulouse, m'offrait le premier l'opportunité de m'investir auprès des jeunes des quartiers difficiles, s'il était réélu. Pour le coup, je perdis deux choses : les élections et mes illusions.

La politique ne m'intéressait pas en tant que telle. Je ne m'étais pas engagé dans un but politicien, pour y faire carrière, mais vraiment pour apporter ma pierre à l'édifice dans les quartiers, pour être un lien entre les élus et les gens. C'était bien naïf de ma part, puisque l'on m'a justement utilisé politiquement.

Je découvrais tout. J'ai fait ce qu'on m'a dit par méconnaissance du milieu : à défaut de pouvoir défendre ce pour quoi je me présentais, j'ai passé mon temps à serrer des mains en centre-ville. Je n'étais pas un outil social, j'étais une vitrine. J'ai été déçu, mais je sais désormais que cet engagement peut se matérialiser autrement que par un siège au conseil municipal.

Les hommes politiques venant souvent au secours de la victoire, j'eus à nouveau affaire à eux quelques mois plus tard lorsque, après la visite de Nicolas Sarkozy à Marcoussis peu avant le début de la Coupe du monde, c'est tout son gouvernement qui bondit sur la pelouse du Millennium Stadium au coup de sifflet final célébrant notre succès sur les All Blacks. Certains, parmi les observateurs, se demandèrent si tous ces gens étaient bien à leur place sur la pelouse. N'est-ce pas naïf de se poser cette question ?

Pour notre part, nous n'étions pas dupes. Mais en pareille situation, il faut jouer le jeu, pour le rugby. Ou alors sortir de piste, si on n'accepte pas ce système. Les politiques croquent là où il y a à croquer. Ils sont dans une perpétuelle logique de récupération et d'existence médiatique. Ils sont là pour donner leur avis sur tout. Autant être là quand la France gagne…

La politique moderne se construit sur l'image. Je m'en étais déjà rendu compte une fois. C'était le 7 septembre 2006. J'avais été invité à donner le coup d'envoi de France-Italie en football au Stade de France. J'étais déjà à ma place dans la « corbeille » lorsque Jacques Chirac arriva. J'étais à trois places de lui. À bonne distance pour entendre le Président se plaindre de son entourage : il trouvait qu'il n'y avait pas assez de femmes autour de lui !

99

Légitime ?

Pendant mes mois de galère, Bernard Laporte ne m'avait pas appelé. J'étais néanmoins convaincu que si j'allais au bout du combat face à moi-même, si je recouvrais la pleine possession de mes moyens, je devais être sélectionné. Je sais : l'affirmer ainsi a quelque chose de prétentieux. Mais c'est comme ça, j'ai toujours cru en moi... Après tout, qu'est-ce qui m'avait fait tenir jusque-là? Pourquoi m'étais-je autant battu pour revenir? Pas par souci de reconnaissance, ni pour être aimé ou exister. Mais par amour de ce jeu qui guidait mon quotidien depuis vingt ans et parce que la vie m'avait lancé un défi et que je voulais le relever : je voulais moi-même décider de la fin.

Alors, quand la liste des sélectionnés pour la Coupe du monde fut annoncée, la question de la légitimité ne m'effleura pas l'esprit : j'étais bien physiquement et ma cheville ne me faisait plus souffrir. D'autres se chargèrent de la poser à ma place. Et je le comprends : voilà des mois que je n'étais plus le joueur que j'avais été. On attendait plus de moi, c'était normal.

Arrivé à Marcoussis, Bernard Laporte me confirma l'évidence : Rafa Ibañez serait le capitaine. Logique, le staff était dans la continuité du Tournoi. Ici et là, certains tentèrent de déceler chez moi de l'aigreur. Sauf que j'étais soulagé ! J'avais assez à faire avec moi-même ! Oui, je méritais d'être là, mais je le savais : le combat n'était pas terminé.

100
Encéphalogramme (trop) plat

La préparation de la Coupe du monde 2007 n'eut rien à voir avec celle des précédentes. Pas de bagarres comme en 1999 et pas de pilier perdu en cours de route. Non, là, le pilier perdu était avec nous dès le début. À un an et demi près – le temps qu'il lui a fallu pour retrouver une place chez les Bleus –, Sylvain Marconnet était bon pour le service... Blessé grièvement pendant l'hiver, Sylvain avait quand même été sélectionné. En dehors d'Olivier Milloud et Pieter De Villiers, on manquait d'expérience en première ligne, d'où le choix du staff de tenter ce pari improbable. Avec au mieux une chance sur dix de pouvoir être prêt, Sylvain vécut un calvaire et dut finalement renoncer. L'encadrement attendit le dernier moment pour prendre la décision de pallier son forfait. Sans doute, au regard de l'échéance, était-ce une erreur de croire si longtemps à ce qui relevait dès le départ du miracle médical. Mais c'est une erreur que j'aurais peut-être commise moi-même.

À part ce fil rouge qui finit par casser, les trois mois menant à « l'événement le plus important de l'histoire du rugby français » s'écoulèrent tel le flot d'un long fleuve tranquille. Nous étions la plupart du temps parqués à Marcoussis mais, à titre personnel, cela ne me gênait pas plus que ça. Certains observateurs affirmèrent que nous devions nous ouvrir plus au populaire, que nous vivions trop repliés sur nous-mêmes. Certes... Mais, au fond, cela aurait changé quoi, quant à la suite ? Rien. Bien sûr que ce qui se passe avant compte, mais c'est comme le Tour de France : c'est dans la montagne qu'il se gagne, pas dans la plaine...

Le point d'orgue fut notre passage à Mont-Louis, dans les Pyrénées-Orientales, pour une opération commando qui me rappela quand même plus mes classes (vertes) du Bataillon Joinville que certains reportages extrêmes consacrés aux « Paras » ou à la Légion étrangère. Les militaires qui nous encadraient en avaient vu d'autres... Là, au bivouac, alors que nous étions censés vivre en autarcie, les poulets et les lapins que nous devions tuer, dépecer et faire cuire nous-mêmes, en repoussèrent quelques-uns qui firent tout un cinéma à l'idée d'avoir à toucher les animaux ! Je sais, ça casse le mythe du rugbyman coupeur de bois... Pour ma part, avec mon éducation paysanne, j'étais dans mon élément ! Finalement, la vie s'organisa autour des compétences de chacun.

Ces stages sont toujours un travail sur soi et permettent de se révéler à soi-même comme aux autres. Je n'étais pas peu fier – de cet orgueil un peu puéril qui guide les pas du sportif – lorsque je fus le seul deuxième ligne à traverser un précipice de vingt mètres sur une poutre large de dix centimètres, les autres butant sur l'obstacle. Faut dire, j'avais vraiment dû me faire violence car pour nous, du fait de notre taille, cela ne faisait pas vingt mètres mais vingt-deux. Et dix centimètres de large quand on chausse presque du cinquante, ça fait peu...

Plus les semaines passaient, et les matches de préparation le confirmeraient, plus je me rendais compte de la richesse de notre effectif, qualitativement et quantitativement. Nous avions trente bons joueurs aux niveaux très proches les uns des autres. Mais avions-nous un quinze type ? Probablement pas. À l'image du poste de demi d'ouverture : entre Michalak, Skrela et Beauxis, nous avions trois excellents joueurs mais avec des styles tellement contrastés que le système de jeu prenait des couleurs très différentes selon le nom de celui qui démarrait. Ce constat valait pour tous les postes. C'était une force... à condition qu'elle soit optimisée, sans quoi cela pouvait devenir une faiblesse. Comme on allait s'en rendre compte...

101
Tu seras un homme mon fils

Louis Pelous est né le 25 mars 2002, entre deux matches du Tournoi. C'est mon fils. J'ai vécu bizarrement sa naissance. Contrairement à d'autres papas, ce ne fut pas pour moi le plus beau jour de ma vie. Pas le pire non plus, évidemment, mais, pour Florence et moi, il arrivait, là, un peu comme un intrus entre nous deux. Je sais que cela peut paraître étrange, mais je n'ai pas été père tout de suite, je le suis devenu. Et j'ai appris à aimer mon fils.

J'étais content qu'il soit là à mes côtés pour fêter ma 112e sélection en équipe de France sur la pelouse du Stade Vélodrome où nous venions de battre les Anglais et de se rassurer un peu plus encore à quelques jours du coup d'envoi de la Coupe du monde. Il y avait aussi dans les tribunes les gens qui avaient contribué à ce que je sois encore là, des années après avoir croisé leur chemin : Pierre Cuffy, mon père sportif, Maryse Olivier, ma « Tatie » de Graulhet, Claude Dufau qui avait pris soin de moi à Dax et ma famille, etc. Claude Debat, le mentor de Jolimont, n'avait pas pu venir, de même que Philippe Sella. J'avais eu Philippe au téléphone avant le match. Alors que j'allais battre son record, il me félicita chaleureusement comme il sait le faire. C'est un vrai gentil, Philippe, doublé d'un type intègre et simple. C'est peut-être la seule personne que j'ai admirée dans le rugby, pour le joueur qu'il fut, bien sûr, mais aussi pour son état d'esprit. Prendre le témoin qu'il m'avait lui-même indirectement transmis, c'était une vraie fierté. Je n'ai pas effacé son record ; je suis simplement passé devant.

Il était important pour moi de rendre hommage à tous ceux qui avaient compté, de près ou de plus loin. C'est le plus bel héritage légué par mes parents : le respect de tout le monde, ceux avec lesquels on vit et ceux que l'on ne fait que croiser. J'essaie à mon tour d'inculquer ça à mon fils. Et d'être un poil plus loquace que ce que j'ai connu : lui a déjà entendu son père lui dire qu'il l'aimait…

Au fond, Louis a tout changé dans ma vie. Je sais que, quoi qu'il arrive, je laisserai derrière moi quelqu'un et à ce qu'il laisse déjà entrevoir, quelqu'un de bien, en plus. Je me souviens, je lui tenais la main sur la pelouse. Je le pris aussi avec moi dans le bus du retour. Je l'ai fait pour lui, j'avais envie de lui faire vivre ce moment, qui lui reviendra plus tard, peut-être, comme un doux souvenir… Pour l'heure, voyez comme les enfants sont ingrats, sa satisfaction était ailleurs : il était seulement content d'avoir vu Chabal de près !

102

Président, je vous écris une lettre

Guy Môquet. J'avoue que je ne connaissais que vaguement l'histoire de ce martyr de la résistance, sinon qu'il avait bien dû lui arriver un truc pour que son nom ait été donné à une station de métro. J'ignorais tout autant la couleur politique dont cette tragique histoire avait été teintée par le président Sarkozy quelques mois avant le début de ce que toute l'ovalie hexagonale attendait depuis longtemps : la Coupe du monde en France.

J'étais loin d'imaginer que la récupération et les débats l'entourant allaient toucher l'équipe de France et surtout créer avec Bernard Laporte, futur secrétaire d'État aux Sports, une fine brèche dont une relation entre hommes reste marquée.

Ce 7 septembre 2007, rien dans la vie du groupe, réuni depuis trois mois, prêt physiquement, mentalement et tactiquement, ne me laissait penser à un échec le soir même face à l'Argentine. Rien de la crispation que l'on trouverait le soir au Stade de France ne transparaissait alors dans notre vie de reclus à Marcoussis.

Dans la matinée, Rafa Ibañez, capitaine, vint me voir et me raconta :

« Clément (Poitrenaud) va lire une lettre, la lettre de Guy Môquet. Bernard m'a dit qu'il l'avait trouvée sur une pile de mots d'encouragements, et qu'il l'avait trouvée belle. »

J'apprendrai plus tard que Bernard avait d'abord proposé à Rafa de la lire lui-même. Mais, plus au fait de la polémique, mon vieux complice avait refusé. En ce qui me concerne, sur le coup, comme j'avais raté l'info au départ, cela ne me choqua pas plus que ça. Même si le sport n'est pas la guerre, le rugby réclame tellement d'engagement que tout est parfois bon pour réunir une vingtaine d'hommes autour d'un même objectif et les amener à se transcender dans le combat collectif.

Or, question motivation, j'avais déjà vu de tout. De la solution radicale – quelques types s'enfonçant le crâne dans les boiseries du vestiaire ou se piétinant dans les douches – à la phrase mythique du coach type « Nous sommes au pied du mur, il faut le construire » (signée Jean-Claude S.) en passant par l'évocation de l'héroïsme de glorieux anciens : reportages sur des alpinistes gravissant les plus haut sommets ou sur la préparation du combat de Mohammed Ali au Zaïre…

À mes débuts à Dax, j'admirais la faculté de Laurent Rodriguez, alors sur la fin de sa carrière, à se mettre dans le match cinq minutes avant que l'arbitre ne nous appelle. Nous, les jeunes, emportés par notre innocence et notre découverte permanente, nous nous préparions un peu dans la haine – ce triste mot –, nous cristallisant sur le niveau présumé de l'équipe adverse, de notre vis-à-vis ou insistant sur les devoirs à l'égard de nos supporters venus nombreux, etc. Je me souviens qu'avant mon premier France-Angleterre, je n'avais pas dormi pendant une semaine. Je ne pensais qu'à ça, jusqu'à en être obsédé. Pour me calmer, je m'étais isolé, j'avais multiplié les promenades en forêt de Clairefontaine. J'y avais laissé beaucoup d'énergie.

« Lolo », lui, faisait semblant de se joindre à la préparation mentale collective jusqu'à ce que, quasi systématiquement, il se tape dans les mains et lâche, comme s'il allait faire une pétanque avec des potes : « Bon, on y va ? » Ce qui pouvait être pris pour du détachement n'était que maturité et expérience, comme je le compris au fil des années. Avec l'expérience, j'ai appris à rester concentré sur le jeu et à me détacher d'un événement. Ne pas se laisser submerger par la pression. S'en servir, oui ; mais juste suffisamment pour faire monter la sauce.

L'idée de faire lire la lettre de Guy Môquet n'était donc pas la plus saugrenue que j'ai connue, loin s'en faut. Après tout, faire appel à l'élan patriotique des joueurs, et le ramener au contexte sportif, pourquoi pas ? Ce n'est que le lendemain, en constatant dans les médias le tollé déclenché par les images de TF 1, que je réalisai. Et je me dis : « Ah ! Merde, quand même… C'est plus que limite. Soit c'est une sacrée coïncidence, soit il y a confusion des genres… »

Je n'ai jamais vraiment pu trancher. Mais c'était pour le moins maladroit. Ce jour-là, une cassure est née. L'air de rien, la suspicion engendrée par la lecture de cette lettre a jeté un peu de discrédit sur Bernard. Quel Laporte avions-nous face à nous : le sélectionneur du quinze de France depuis 2000 ou le futur secrétaire d'État ? Était-il encore avec nous ? Avions-nous été manipulés ? Difficile d'échapper aujourd'hui encore à ces questions. Et à l'amertume qu'il m'en reste.

103

L'herbe coupée sous le pied

Le match d'ouverture de la Coupe du monde en France devait être l'équivalent du lancement d'Apollo 11 : nous devions atteindre la lune et y rester durant huit semaines. Les Argentins ont tout pété. Ce sont eux qui sont partis finalement. Ils se sont fait une gloire sur notre dos. C'est moche....

Je savais vers quel piège nous allions. Nous le savions tous. Jamais nous n'avions imaginé passer ce premier obstacle sans embûches. Nous avions auparavant suffisamment trébuché sur les Argentins pour en avoir conscience. La plupart des Pumas figuraient parmi les meilleurs joueurs de nos clubs : même niveau, même moule... Rage d'exister en plus. Eux aussi savaient où ils allaient et, finalement, ils ont fait ce qu'il fallait, pas nous.

Les Français n'y arrivent pas face aux Argentins, tout comme les Néo-Zélandais n'y arrivent pas face aux Français. Cette équipe ne joue pas, alors que nous réussissons mieux face aux équipes joueuses. C'est simple, chaque fois qu'ils ont joué contre nous, les Pumas n'ont rien proposé. Sauf lors du match pour la troisième place : quand le score a été creusé, alors ils se lâchèrent et on vit ainsi à quel point ce sont de très bons joueurs quand ils le veulent. Même si, en l'occasion, ils se montrèrent également capables de dire et de faire des choses impardonnables qui entraînèrent le ras-le-bol de Rafa Ibañez et quelques empoignades nauséabondes.

Sur le match d'ouverture, ils passèrent leur temps à monter des quilles et à attendre nos erreurs... Sans doute était-ce la solution : elle avait déjà fonctionné et se révéla à nouveau appropriée. À l'inverse, nous ne trouvâmes jamais la clé.

À l'issue de la rencontre, le scénario tant redouté était en marche. Dans les vestiaires, on pouvait lire sur les visages l'incrédulité, laquelle, au fond, avait peut-être entraîné notre perte : conditionnés par la force de l'événement, évoluant chez nous, étions-nous vraiment aussi conscients du danger que nous l'avions pensé ?

Certains savaient qu'ils étaient totalement passés à côté et comprenaient que c'est le reste de la compétition qui pouvait leur passer sous le nez. Et pourtant, la faillite avait été collective. Le lendemain du match, nous étions toujours au fond du seau. Dans les médias, « l'affaire Guy Môquet » monopolisait les débats. La lecture de la lettre avait-elle eu une influence sur notre performance face aux Pumas et en aurait-elle sur notre résultat final dans cette Coupe du monde, se demandait-on ? Je réponds de manière claire et nette : aucune. Ce serait trop simple...

104

Psychothérapie de groupe (à l'ancienne)

Après notre retour à Marcoussis, après la défaite face aux Argentins, je pris la parole. Je ne fus d'ailleurs pas le seul. Grosso modo, tout le monde disait la même chose, pas très loin des mots de Philippe Saint-André avant la victoire face aux All Blacks en 1995 : « On s'est mis dans la merde ensemble, on va s'en sortir tous ensemble. »

Seulement, le malaise semblait plus profond que celui engendré par un conflit avec la fédération. Il fallait s'en extirper et casser cette morosité qui n'avait toujours pas quitté notre camp de base, même bien des heures après la défaite.

Il ne s'agissait pas de reconstituer le groupe mais d'éviter qu'il se scinde. Rien de tel qu'une bonne soirée entre hommes pour évacuer les mauvaises ondes, dédramatiser et se rappeler qu'il ne s'agissait là, après tout, que de rugby. On décida donc de sortir entre joueurs, et entre joueurs seulement. À l'ancienne. On alla d'abord au *Bar de l'Ovalie* à Marcoussis où un écran géant rediffusait notre défaite… Puis nous prîmes la direction du *Bar à Thym*. Là, derrière les rideaux tirés, on relâcha la pression et comme le tenancier en fit de même, les mots ne tardèrent pas à sortir : il fallait nous prendre en main, garder confiance en notre jeu, dans le système qui nous avait permis de ne perdre que trois matches lors des trois derniers Tournois ; rester convaincus que même si, désormais, les choses s'étaient compliquées, nous avions un grand rôle à jouer dans cette Coupe du monde.

Le staff, absent, en prit pour son grade comme à chaque fois que des joueurs se retrouvent à discuter après une défaite. Mais il ne fut pas réellement remis en cause. La reprise en main n'alla pas jusque-là. L'aurait-il fallu ? Peut-être… Peut-être aurait-il été nécessaire aussi que les anciens, dont j'étais, imposent davantage leur point de vue. C'est toujours facile à penser et à dire, après… Sauf que certains d'entre nous étaient revenus in extremis dans le groupe, avant ou au moment de la Coupe du monde ; nous n'étions pas tant que ça au-dessus des autres, ce qui atténuait la force et la légitimité liées à notre expérience.

Quoi qu'il en soit, à trois heures du matin, j'avais bu largement assez. En regagnant mes quartiers au CNR, je ne me souvenais plus tout à fait de la teneur et du fond des débats, mais je savais que ça nous avait fait du bien.

105
Mal au genou ? Quel genou ?

Nous savions que, désormais, l'Argentine ne lâcherait pas. Le match qui se profilait face à l'Irlande, deux semaines plus tard, serait donc décisif. Comme si les Français ne savaient pas faire autrement que d'être au pied du mur pour réussir quelque chose. Entre-temps, nous quittâmes Paris pour aller nous refaire une santé à Toulouse, à la « maison » pour beaucoup d'entre nous. L'odeur de nos terres, la chaleur des supporters et la faiblesse de la Namibie nous permirent de reprendre un peu confiance. Rien que le fait de voir à nouveau des sourires dans le vestiaire faisait du bien. Sauf que sur cette pelouse du Stadium, je laissai un genou. Entorse bénigne, mais entorse quand même.

J'étais donc dans les tribunes du Stade de France pour France-Irlande. Mais même de là, on pouvait ressentir l'énorme pression qui pesait sur cette rencontre. Le match fut tendu et moi aussi. Encore une fois, je vivais très mal l'absence. Sur le terrain, le pack s'en sortit très bien sans moi mais, signe de notre fébrilité, il fallut un *« banana kick »* de Fred Michalak pour décanter la partie alors qu'il y avait face à nous ce jour-là une équipe d'Irlande très moyenne ainsi qu'elle le serait tout au long de ces matches de poules.

La victoire en poche, il n'y avait plus qu'à attendre le sort d'Irlande-Argentine pour se voir confirmer notre destin. Neuf jours après avoir battu les Irlandais, l'équipe était à Marseille pour y affronter de valeureux Géorgiens. Ce fut une nouvelle occasion de se lâcher offensivement, y compris pour moi de retour dans le groupe.

J'avais encore mal au genou et je ne savais pas si je pourrais jouer le prochain match. On connut notre sort vers 22 h 45. L'Argentine n'avait pas lâché. Nous irions donc à Cardiff affronter les All Blacks en quarts de finale. Le staff médical restait réservé quant à mes chances d'y participer : c'était « ça passe ou ça casse », « il peut jouer, mais il y a des risques... » Au bout de cinq minutes, j'ai stoppé le débat : « Si je ne joue pas ce match-là, si je ne prends pas des risques là, quand en prendrai-je ? »

106

Chabal, Nallet, deux visions du rugby

La Coupe du monde est la seule période de ma carrière où je me disais, avant l'annonce de l'équipe de départ : « Si je n'y suis pas, ce n'est pas une surprise. » Comme je l'ai évoqué pour les autres postes, les quatre deuxième ligne apportaient des choses différentes, mais tous pouvaient prétendre à une place de titulaire. À une nuance près : Lionel Nallet, pour qui j'ai beaucoup de respect pour ce qu'il vécut alors, la manière dont il le vécut, et, juste retour des choses, la période exceptionnelle qu'il eut après la Coupe du monde, était le meilleur des quatre. Je ne crache pas a posteriori dans la soupe, mais il était tout aussi légitime que Jérôme Thion, Sébastien Chabal ou moi. Et pourtant, c'est lui qui joua le moins.

Lionel réunissait à l'époque à lui tout seul les qualités des trois autres. Mon boulot, c'était de faire la guerre à tous les points de rencontre; Jérôme Thion amenait sa masse physique incroyable; quant à Sébastien Chabal, il pouvait s'avérer un formidable joker. Et puis, lui, le grand public le réclamait. Entre deux gros plaquages et deux percées dévastatrices, le tout multi-téléchargé sur YouTube, et TF 1 qui se cherchait quelqu'un à médiatiser, le phénomène lui était tombé dessus sans qu'il ait rien demandé. Mais forcément, il y avait un débat sous-jacent, non dit. Si, en vingt minutes, on le savait capable de tout exploser, il y avait un décalage entre sa médiatisation et sa légitimité sportive aux yeux du milieu, donc aux nôtres aussi.

Je ne porte pas de jugement sur la médiatisation en soi, car au fond, c'était bien pour le rugby, pour faire vivre l'événement et c'était valorisant pour Sébastien qui n'en a, en plus, jamais fait un usage déplacé à l'intérieur du groupe. Mais il faut bien admettre que sportivement, cette médiatisation n'était pas justifiée. Démesurée, exactement comme cela le fut pour Castaignède en 1999, Michalak en 2003 ou même Bernard Laporte durant ses deux mandats.

S'il y en avait un à médiatiser sur cette Coupe du monde, c'était Thierry Dusautoir, héros du quart de finale à venir face aux All Blacks. Mais Thierry n'a ni la gueule ni la démarche « cromagnonesque » de Caveman.

107

Bleu, Blanc, Blacks

La veille du quart de finale, enfermé dans ma chambre d'hôtel, je me repassai le film *300* en boucle. *300* raconte la bataille des Thermopyles qui vit le roi grec Leonidas (un lointain parent du chocolatier, sans doute) et trois cents de ses meilleurs spartiates affronter des milliers de soldats perses. Et tous mourir à la fin. Ce n'est pas dans leur mort que j'allai chercher des ressources mentales, mais dans la dignité et l'honneur dont ils firent preuve avant leur dernier souffle.

À 33 ans, j'en étais encore là... Se confronter à la Nouvelle-Zélande en Coupe du monde, pour un rugbyman, c'est un peu se regarder dans une glace, un matin, au carrefour de son existence et se demander : « Qui es-tu, au fond ? De quoi es-tu capable ? Qu'est-ce que tu as dans le ventre ? »

Plus que d'aller au pays de Galles, fuyant ainsi la pression hexagonale, ce qui nous fit du bien, c'est de n'avoir rien à perdre, sinon l'estime de nous-mêmes. Nous avions une chance sur dix ? Eh bien, nous allions la jouer cette chance. Les All Blacks étaient la meilleure équipe, mais nous avions nous aussi des qualités et nous étions décidés à en faire preuve, enfin...

Nous étions à l'affût de la moindre occasion de témoigner notre détermination collective. C'est nous, les joueurs, qui refusâmes qu'on cède sur la couleur du maillot. Les Blacks – comme les organisateurs – faisaient pression pour évoluer avec leurs tuniques traditionnelles noires, et nous en blanc, alors que le règlement nous donnait la primeur du choix : bleu pour nous, gris pour les Blacks. Nos dirigeants, eux, étaient prêts à céder… Certes, il ne s'agissait là que de détails, mais de ces détails qui créent une forme d'animosité, propice à se préparer au feu et à se mettre très tôt dans le match…

Toutefois, nous cherchions toujours quelque chose de plus ostentatoire. C'est Serge Betsen qui eut l'idée des tee-shirts « bleu, blanc, rouge » que nous porterions au moment du haka. Certainement la meilleure idée que quelqu'un ait eue durant mon passage chez les Bleus ! C'est exactement ce que nous voulions exprimer à l'adresse de nos adversaires : « On vous respecte beaucoup, on sait que vous êtes meilleurs, mais, nous aussi, nous sommes fiers de nos couleurs et on vous les montre. C'est tout ce qu'on a à vous opposer mais sur ces valeurs-là, on sera présents… »

Jamais je n'oublierai la fierté ressentie au moment où, dans ce Millennium chauffé à blanc et attendant de voir à quelle sauce nous allions être mangés, nous arborions nos tee-shirts. J'étais gonflé d'un orgueil que je n'avais jamais connu : fier d'être français, de ce que nous représentions, comme équipe, comme groupe, comme pays. Ce n'était pas des tee-shirts que nous avions enfilés, c'était des armures. Et sur nos cœurs, les armes de l'inconscient collectif du petit Français, prêt à se sacrifier pour la grandeur d'un exploit inattendu.

C'est aussi exactement ce que nous exprimâmes sur le terrain. Après un quart d'heure où nous manquâmes d'exploser, nous étions là, nous ne nous poussions pas… Il faudrait que les Blacks nous battent, car il était imprimé en nous que nous ne perdrions pas. Thierry Dusautoir livra une performance extraordinaire. Non seulement, il plaqua à tours de bras, fut à la conclusion d'un essai de quatre-vingt mètres, mais en plus, il sortit Collins et Carter…

Le match se joua à rien, nous ne fûmes jamais sanctionnés en deuxième période quand au moins deux ou trois hors-jeu auraient pu être sifflés. C'était quasi miraculeux, mais nous nous étions mis dans les conditions de réussir le miracle.

J'étais sorti depuis vingt minutes quand le chrono atteint son terme. Jean-Ba Élissalde se mit à courir comme un poulet sans tête vers son camp ! « Mais où il va comme ça ? », se demanda-t-on alors que nous étions prêts à bondir. Au paradis, pardi ! Nous l'avions fait… L'aventure était différente de celle de 1999, mais comme en

1999 et comme à chaque succès marquant du quinze de France, nous avions eu peur du ridicule, nous l'avions refusé et nous nous étions pris en main.

La fierté était immense, la fatigue aussi. Nous étions heureux sans qu'il y ait d'effusion démesurée. Contrairement aux « 300 », nous étions encore vivants. Mais nous n'avions gagné qu'une bataille. Nous ne nous emballions pas, il y avait une demi-finale à jouer. Et nous étions favoris. Aïe...

108

Frogs are stupid

Il ne restait que quelques minutes à jouer. Les Anglais menaient au score et nous nous emplâtrions inexorablement sur leur défense. Tout juste remplacé, Rafa Ibañez vint s'asseoir à mes côtés dans les tribunes. « C'est mort, là... », me dit-il dépité. « Je crois, oui... », répondis-je tout aussi résigné.

C'était doublement « mort », en fait. Mort pour les Bleus, mort pour moi. Ma carrière internationale était terminée depuis la vingt-cinquième minute ; une côte emportée. Après une entame catastrophique, nous venions juste de reprendre l'avantage au score. Dans ma tête, la finale de notre Coupe du monde se jouerait avec le quinze de France, mais sans moi. Sauf que les Bleus ne parvinrent jamais à se détacher ni à prendre l'ascendant, laissant ainsi les Anglais revenir dans le match et finalement faire ce qu'ils font le mieux dès lors qu'ils sont plus en confiance que leurs adversaires : les étouffer jusqu'à l'asphyxie.

Bien avant la sortie de Rafa, je savais donc que je ne vivrais pas une terrible déception personnelle. Si l'équipe avait été en finale, j'aurais été content, bien sûr, mais je n'aurais pas supporté la frustration. Très égoïstement, je me sentais soulagé. Nous ne serions pas champions du monde mais, finalement, j'avais tellement galéré pour participer à l'événement que, pour la première fois de ma carrière, je me contentais de la satisfaction d'être allé au bout du combat sur moi-même et d'avoir fait ce que j'avais pu.

Néanmoins, la tristesse de partir s'ajoutait à la tristesse d'une élimination fade et sans panache. Entre frustration et incompréhension :

comment avait-on pu perdre de la sorte? Après les Blacks, je n'avais pas vu venir cette déconvenue. Nous avions réussi un exploit, certes, mais nous l'avions vite évacué. Notre objectif, c'était le titre, pas de battre la Nouvelle-Zélande, ni d'atteindre les demi-finales. Aurait-il fallu changer une équipe qui avait gagné, comme beaucoup se le demandèrent après coup? Oui. Deux ou trois nouveaux mecs intégrés pour la demie auraient amené un peu de la fraîcheur qui nous manqua...

Si tant est que les options de jeu aient été légèrement différentes ce qui, somme toute, aurait dû aller de soi : on ne joue pas les Blacks comme on joue les Anglais.

Or, si la même équipe avait été alignée, au-delà de la récompense, c'était pour jouer le même jeu. S'il y eut une erreur de commise, c'est celle-là. La priorité, c'était l'occupation du terrain... Cela l'avait toujours été sous Bernard Laporte, mais que l'on attaque avec Michalak ou avec Beauxis, on ne parle pas de la même occupation. Qui dit que nous aurions pour autant fait mieux avec Fred plutôt que Lionel à l'ouverture?

On m'a demandé par la suite pourquoi les anciens comme moi, avec notre expérience, n'étions pas plus intervenus. Mais sur le jeu, sauf à l'époque de Fabien Galthié, nous n'avions jamais vraiment eu notre mot à dire! Et puis, j'ai aujourd'hui le recul des deux années qui se sont écoulées depuis. Sur le moment, j'étais en phase avec les choix. Après tout, pourquoi le jeu qui nous avait permis de battre les All Blacks n'aurait-il pas pu, avec les mêmes joueurs, nous envoyer en finale? D'autant que cela faillit se passer comme ça. Tout se joua à une cuillère désespérée de l'Anglais Joe Worsley, bâton dans les roues de Vincent Clerc filant à l'essai de la victoire. À deux doigts près, Bernard Laporte était un génie, et la France peut-être championne du monde. Sans moi.

Je crois que je m'en serais remis.

109

Prière de ne pas claquer la porte en partant

Je n'ai pas vraiment vécu de l'intérieur la fin de la Coupe du monde. Enfin si je l'ai vécue, mais depuis les bars de Saint-Germain. J'enterrai ma vie d'international avec allégresse… Finalement, et malgré tout, je garde un bon souvenir de l'événement. Comme durant toute ma carrière, j'ai laissé de côté les désillusions sportives pour ne conserver en moi que les bonnes tranches de la vie de groupe.

Le premier match face à l'Argentine avait bien sûr considérablement influencé la suite. Nous en étions repartis sans objectifs, sinon ceux fixés à nous-mêmes. Il y eut le bonheur de notre exploit traditionnel face aux Blacks puis la frustration de la demi-finale nous laissant ce goût amer que j'avais déjà connu : nous pouvions le faire mais ne l'avions pas fait…

À l'heure du bilan, tout le monde tomba sur Bernard Laporte. Lui qui n'avait pas été débriefé après 2003 l'était cette fois pour deux mandats... Ça tombait sévère, car aux reproches sportifs s'ajoutaient des critiques plus politisées liées à son intégration immédiate au gouvernement. L'énervant, pour les auteurs de ces critiques, c'est que le coupable n'était déjà plus dans le box des accusés. Il s'était envolé vers ses nouvelles fonctions.

L'heure était également venue pour moi de regarder en face l'entraîneur avec qui je venais de passer huit années. J'avais été l'un des joueurs qu'il avait sélectionné le plus et il m'avait nommé quarante et une fois capitaine sur les soixante-dix matches que j'avais disputés sous son ère. Très indulgent au départ, teinté d'affection même, ce regard est devenu plus lucide avec le recul. Il n'en est pas moins partagé aujourd'hui.

Sur le plan des résultats, Bernard n'a pas à rougir : deux Grands Chelems, un Tournoi, toutes les nations majeures battues au moins une fois avec au passage quelques matches références. Mais il y eut aussi ces raclées monumentales face aux All Blacks en 2004 et 2006 et cet échec majeur qu'on peut lui reprocher, qu'on peut nous reprocher à nous aussi, les joueurs : cette Coupe du monde en France.

Évoquant 2003 et 2007, Bernard eut cette phrase : « Quatrième deux fois, c'est peut-être ça notre place », exprimant une forme de résignation dont on ne sait jamais vraiment s'il faut y voir un réalisme salvateur ou un aveu d'impuissance. C'est vrai que c'est facile, après tout : sur les quatre Coupes du monde précédentes, le quinze de France avait quand même à trois reprises fait mieux que quatrième (une fois deuxième, deux fois troisième)… Mais jamais il n'avait gagné.

Ce n'est pas toujours le meilleur qui gagne, sinon les Blacks auraient été à nouveau sacrés au moins une fois depuis 1987. On met tout en place pour, mais on ne peut maîtriser tous les éléments. Et puis, le destin fait son œuvre…

Ces résultats sinusoïdaux reflètent une époque qui vit Bernard évoluer en quatre phases. À sa prise de fonction, il était encore un jeune entraîneur qui n'avait quasiment connu qu'un club, le Stade Français. À la tête de l'équipe de France, il héritait d'un groupe finaliste de la Coupe du monde qu'il ne voulait pas détruire. Du coup, il avait longtemps cherché son équipe et ses hommes pour la construire. Dans le même temps, il apporta une méthodologie nouvelle : arrivé à une période où les joueurs venaient juste de devenir pros, il amena cette professionnalisation au sein du quinze de France. Cependant, il tarda à comprendre que l'équipe de France n'offrait que peu de temps, qu'il fallait s'appuyer sur des choses simples correspondant à l'effectif. Jean-Claude Skrela était plus préparé que lui à cette règle du jeu particulière à la sélection.

Bernard avait alors plein d'idées. Elles foisonnaient, mais il en perdait 80 % dans du superflu, trop de superflu. C'est un excessif, un passionné à l'extrême. Il avait quand même dit de Betsen : « Tant que je serai en équipe de France, il ne rejouera pas. » C'était sa manière de voir si les mecs résistaient. Cela a pu être dur pour certains mais, après tout, nous sommes des hommes, pas des enfants…

Finalement, il lui fallut deux ans pour vraiment se mettre dans la peau du sélectionneur. Une fois qu'il avait épuisé ses discours, les choses se sont mises en place. L'année 2002 constitua sans doute le sommet, non seulement de cette deuxième phase, mais aussi de son ère. Il disposait d'un effectif équilibré, d'un adjoint de haut niveau avec Jacques Brunel et d'un relais stratégique de poids sur le terrain avec Fabien Galthié sur lequel il s'appuya beaucoup, jusqu'en 2003.

On vit une sinon plusieurs autres facettes de lui au cours d'une troisième phase qui débuta après 2003. Il s'était apaisé. Pour moi, c'est qu'il avait pris du recul ; pour d'autres, qu'il commençait déjà à être gagné par l'indifférence, sous-entendu il était trop occupé par ses business annexes. Tout ce qu'il a fait en dehors ne me concerne pas. Et jusqu'à la lettre de Guy Môquet, je n'ai pas ressenti d'interférence entre sa vie personnelle et son rôle de sélectionneur.

On lui a reproché de trop profiter de son statut. Le malentendu est venu de la démesure du nombre de ses contrats d'image après 2003. Comme pour Chabal, il y avait un décalage entre sa médiatisation et sa légitimité sportive. Il ne méritait pas d'être valorisé à ce point : il a été entraîneur d'une bonne période de l'équipe de France, trois fois championne d'Europe… mais jamais championne du monde. Je crois que sur le long terme, la re-motivation lors de la mi-temps de France-Italie en 2002, qui lui valut son personnage aux Guignols, l'aura plus desservi qu'autre chose. Le paradoxe, c'est que je pense que chaque fois qu'un rugbyman a dépassé le cadre sportif, cela a aidé le rugby.

Au moment de dresser le bilan de Bernard, tout le monde s'est focalisé sur ses activités extra-sportives. Je comprends que certains aient pu être choqués par moments. Même les joueurs ont parfois tiqué. Mais les joueurs sont parfois aussi volatiles que le public. C'est pour ça que je garde un peu de retenue et que je ne vais pas taper sur Bernard juste pour aller dans le sens du vent. D'autant que dans la relation entraîneur-entraîné, je n'ai jamais eu le sentiment qu'il ait galvaudé son métier. Je n'ai jamais ressenti un quelconque manque à l'approche d'un test : il a toujours dégagé la même passion. Et c'est quand même ça le plus important…

Jusqu'en 2006, Bernard avait son jeu, ses hommes, mais les grosses défaites face à la Nouvelle-Zélande l'ébranlèrent, lui et l'équipe. De manière imperceptible, un fossé commença alors à se creuser et continua de se creuser jusqu'à la Coupe du monde. De 2006 à 2007, dernière phase, Bernard ne lâcha pas vraiment, mais on sentait qu'il n'était plus seulement notre entraîneur. Il fut même, très vite, notre futur ministre des Sports. Notre regard sur lui changea. Et le sien aussi forcément, même si je le répète, ce fut impalpable : il se savait dès lors autre chose qu'un simple sélectionneur, il n'ignorait pas qu'il était scruté désormais par un autre milieu que celui du rugby. La lecture de la lettre de Guy Môquet en fut le révélateur.

Jusqu'à ce micro événement, je n'ai jamais rien eu à reprocher à Bernard Laporte à titre individuel. Il m'a fait confiance, il m'a même soutenu à bout de bras à l'occasion de quelques coups de mou, envers et contre tous ceux qui m'avaient déjà envoyé au cimetière des éléphants. En même temps, je n'ai mis le pistolet sur la tempe de personne, et je ne connais pas un entraîneur qui sélectionne un joueur qui puisse le faire perdre…

S'il n'a pas été un mentor pour moi, comme Jean-Claude Skrela avant lui avec qui j'avais une histoire plus personnelle, il est quand même né de toutes ces années un affectif réciproque. Et alors que Bernard a été évincé du gouvernement et que les critiques se sont à nouveau abattues sur lui, je réalise qu'il s'agit là, au fond, seulement du premier échec de sa carrière. Et que cela explique peut-être beaucoup de choses quant à la manière de décrypter son itinéraire jusque-là.

110

Au revoir les enfants

Après la demi-finale perdue face à l'Angleterre, ma décision était prise. Je me refusai toutefois à déclarer publiquement que je tirais un trait sur l'équipe de France. Les gens étaient à leur tristesse, la Coupe du monde n'était pas finie. Il eut été indécent et légèrement narcissique de recentrer les débats sur ma retraite…

Une fois l'événement terminé, j'appelai Lionel Rossigneux, l'attaché de presse des Bleus. Je souhaitais organiser une conférence de presse au siège de la Fédération, rue de Liège à Paris. Officialiser l'arrêt de ma carrière internationale dans ces murs me paraissait logique. Et les gens de la fédé en furent contents, je crois.

Cela me fit plaisir que Bernard Lapasset soit là pour clôturer à mes côtés cette page de ma vie. Lui qui avait sauvé ma première sélection avait bien mérité sa place… Jean-Claude Skrela aussi était venu. Nous fûmes émus tous les deux : lui de retracer un parcours auquel il avait beaucoup contribué, et moi de le voir ainsi touché. Pour autant, je n'étais pas aussi marqué que je le serai dix-huit mois plus tard quand je raccrocherai définitivement les crampons. Je savais alors que j'allais encore pouvoir en profiter et m'amuser. Je n'allais pas encore plonger dans l'inconnu. Je ne disais pas adieu au terrain, mais à une équipe, si belle fût-elle.

Je me suis amusé à compter : si j'accumule tous les rassemblements, j'ai passé deux ans et demi de ma vie à vivre en Bleu. L'équipe de France aura été un lien entre « d'où je viens » et « ce que je suis ». J'ai gardé mes valeurs, j'ai suivi l'évolution du rugby autant que possible tout en conservant mes fondamentaux. Bien sûr, je n'ai pas été champion du monde. Mon dernier match en équipe de France reste une frustration sportive. Mais je suis allé au bout de l'histoire. Il ne faut pas regretter. Choisir la manière de partir est déjà un luxe que j'ai pu m'offrir. Si je pouvais mourir de la même façon… Même si, pour le coup, je ne pourrai pas être à la conférence de presse.

111
Vieille France

Un soir de mai 2008, je dînais paisiblement à la terrasse d'un très bon bistrot parisien, *Le Troquet,* profitant de la douceur de la soirée. À la table d'à côté, un prêtre fit deux malaises coup sur coup. Pendant un instant, on le pensa même mort. Par bonheur, il ressuscita. On était entre Pâques et Pentecôte ; il n'y avait donc rien d'original à cela. La soirée reprit son cours normal.

Cela m'amena toutefois à évoquer avec les convives d'autres résurrections, celles des hommes politiques que j'avais croisés l'après-midi même et qui étaient à l'origine de ma venue dans la capitale.

Le Sénat, par l'entremise de quelques passionnés dont Henri Nayrou, l'ancien rédacteur en chef de Midi Olympique(*), nous avaient invités, Christophe Dominici, Serge Betsen et moi-même, pour nous remettre une médaille en guise de récompense pour nos aventures respectives sous le maillot de l'équipe de France.

Bizarrement, je fus davantage ému par cet hommage que par le fait de disputer la quatrième finale de Coupe d'Europe de ma carrière, laquelle approchait, tout aussi importante soit-elle.

Plus que l'objet en lui-même, c'est le symbole qui me toucha. À travers les Sénateurs, c'est l'État qui se montrait plein de gratitude à notre égard. Moi qui ne suis pas nationaliste – mais quand même très cocardier –, j'appréciais cet honneur.

Je l'appréciais d'autant plus qu'il y avait quelque chose d'un peu désuet dans tout ça. En fait, c'est vrai, je suis un peu vieille France…

(*) Député de la deuxième circonscription de l'Ariège et président de l'Amicale des Parlementaires de Rugby.

112

« Tu nous a coûté cher aujourd'hui »

Face aux défaites, je passais par plusieurs phases. Dans la première, j'étais gentleman ; je reconnaissais souvent que les autres avaient été plus forts. Après, ça me gonflait un peu et j'avais l'impression qu'on n'allait jamais y arriver. Et puis, une fois le match revu à la vidéo, je finissais toujours pas trouver plein de points positifs sur lesquels travailler pour reprendre confiance. Finalement, il n'y en a qu'une que je n'ai pas digérée et que je ne digérerai sans doute jamais : la finale de Heineken Cup 2008 face au Munster. Un nom, aussi : Alan Quinlan. Je me souviendrai de ce nom toute ma vie…

Cardiff est de ces quelques lieux mythiques qui ont mon affection, le Millennium Stadium étant le plus beau stade dans lequel j'ai joué, malgré quelques moments douloureux comme cet instant où ledit Quinlan se mit à me narguer. Ce troisième ligne *old school* avait passé toute la partie à pourrir toutes nos sorties de balle et là, il me provoquait, sciemment, tout en me regardant droit dans les yeux. Quand en regagnant son côté de la mêlée il me marcha volontairement sur le pied, mon sang ne fit qu'un tour. Instinctivement, je lui mis un coup de pied aux fesses. Certes, il dut sentir passer mon 48, mais le but n'était même pas de lui faire mal. C'était un pauvre petit coup de pied, de ceux dont on punit parfois affectueusement un enfant pris en flagrant délit de bêtise…

Les arbitres en jugèrent autrement. Carton jaune. Trois points. Quand je revins sur la pelouse, le Munster avait la main chaude. Sur deux regroupements, l'arbitre – sifflant un peu vite à mon goût – me pénalisa. J'avais provoqué trois pénalités que Ronan O'Gara se chargea de convertir... Nous nous inclinâmes de trois points...

Comme Zidane deux ans avant, toutes proportions gardées, j'étais à mon tour le capitaine exclu d'une finale internationale. Le pire, c'est que j'avais préparé ce rendez-vous comme rarement auparavant. Alors que jusque-là, en dehors des séances collectives de vidéo, je n'avais jamais vraiment poussé l'exercice de manière individuelle, j'avais, avant le match, étudié personnellement tous les détails du jeu du Munster : la touche, leurs courses, leur façon de percuter. Je savais que tout serait très important, jusqu'au quart de seconde qui fait parfois qu'on avance ou qu'on recule. C'était bien la peine...

Au moment de se rendre à la conférence de presse, Guy Novès me lança cette phrase pleine d'amertume qui résonne encore dans ma tête : « Tu nous a coûté cher aujourd'hui... » Les joueurs, eux, ne me firent rien sentir, par respect. Mais je n'avais besoin de personne pour comprendre l'énorme frustration qui me minait : pour la première fois de ma carrière, je me sentais totalement responsable de l'échec.

Je compris ce jour-là ce que ressent un buteur qui a le destin d'une rencontre au bout de son pied. Avec mon coup de pied aux fesses, je n'avais peut-être pas raté l'Irlandais, mais j'avais manqué la pénalité de la gagne... J'eus beaucoup de mal à dormir les nuits suivantes. Et puis, j'ai fini par vivre avec. La cicatrice n'est plus douloureuse, mais elle est là pour toujours.

113

Comme un junior

La victoire n'a jamais été pour moi une finalité, du moins en dehors de l'heure et demie de jeu, pour le plaisir de la compétition. Philosophiquement, la victoire comme la défaite masquent trop de choses. Je n'ai jamais perdu de vue l'éventualité de l'échec. Relativiser est le meilleur moyen de rebondir d'objectif en objectif et de durer. Mais quand on n'a pas gagné depuis longtemps et qu'on connaît la difficulté, qu'on sait les sacrifices qu'il faut faire pour atteindre un objectif, le plaisir n'en est que plus grand.

Surtout quand on n'est pas favoris. Le Stade Toulousain avait effectué une saison exceptionnelle durant cet exercice 2007-2008. Outre la finale de Heineken Cup perdue de peu, et on sait pourquoi, nous étions montés progressivement en puissance laissant peu de restes à nos rivaux en Championnat. Tirés par l'énergie de Byron Kelleher et d'autres, nous avions une équipe de fous. Et nous nous régalions.

Mais par un tour de magie dont lui seul a le secret, Guy Novès parvint à inverser la pression juste avant la finale, faisant de nous des victimes expiatoires de Clermontois qui nous avaient battus deux fois durant la phase régulière. Nous n'avions aucune chance, laissa-t-il croire à tout le monde, et quand bien même nos adversaires faisaient tout pour ne pas tomber dans le panneau, ils y échouèrent lourdement. Dans une finale, il faut être à 100 % investis psychologiquement. Les Clermontois avaient laissé dans la semaine les 5 % qui font gagner ne serait-ce que dix centimètres à chaque impact. À la fin du match, cela fait des mètres…

Nous attendions ce moment depuis sept ans. Jean Bouilhou, capitaine en Championnat, nous prit à ses côtés, Yannick Jauzion et moi, les deux autres capitaines de la saison, à l'instant de soulever le Bouclier de Brennus. Quelques jours après l'échec européen, j'étais heureux comme un junior, je sautais partout ! La saison était finie comme l'étaient pour moi les tournées avec les Bleus : j'allais pouvoir faire durer ce bonheur brut. Mais il ne dura pas. Rentré à Toulouse, le marasme de ma vie personnelle me passa l'envie de faire la fête.

114

Jouer et jouer encore...

J'aurais dû arrêter à la fin de la saison 2007-2008. C'était le plan. Et quelle fin c'eût été que de terminer en brandissant une dernière fois le Bouclier de Brennus. Mais dans le plan, il n'était pas prévu que le rugby soit alors la seule partie de ma vie qui me procure du plaisir.

Sur le terrain, j'avais retrouvé le niveau qui était le mien avant ma série de blessures. J'étais dans une super forme. Les observateurs étaient surpris de mes performances. Tout est relatif : je n'avais plus été performant depuis bien avant la Coupe du monde et je n'étais plus le capitaine du quinze de France ; autrement dit, les attentes à mon égard étaient moindres. Je vivais à nouveau le rugby pour moi, comme à mes débuts. Je n'avais plus rien à prouver, ni à porter ce devoir d'exemplarité auquel je m'étais si longtemps astreint. L'exemple que je donnais désormais, c'était dans la manière de vivre ma passion jusqu'au bout, simplement, et de bouffer tout ce qu'elle pouvait encore me donner. Je m'entraînais comme un fou, restais avec les joueurs après les entraînements, après les matches...

Et pour cause... Hors du terrain, je traversais une mauvaise période. Ma vie familiale était devenue incertaine... Dans la tempête, le naufragé que j'étais trouva dans le rugby, et dans son club, bien mieux qu'un radeau de fortune. Ils furent ma bouée. Pas question de la lâcher. Je pouvais bien tenir une année de plus. J'en avais besoin...

115

Monsieur Guy

Il n'est pas illogique que ma décision d'arrêter de jouer au Stade Toulousain ait été déclenchée par les mots de celui qui fut le premier à me proposer d'en porter le maillot. Un mois avant notre conversation qui allait me convaincre de mettre un terme à ma carrière, Guy Novès me dit : « Je te tiens au courant. Je veux quelqu'un de ton niveau pour te remplacer à terme. »

J'attendis. J'étais alors plutôt enclin à faire une saison de plus. Le président Bouscatel m'avait affirmé : « Si tu veux repartir, aucun problème pour nous, on s'en tiendra à ton choix. »

Et puis, le jeune Toulonnais Yoann Maestri signa. Et Guy revint me voir mi-avril : « Il faut que je te parle. » Il me parla. En discutant, je compris qu'il voulait d'abord faire jouer son joueur, celui qui allait faire dix ans au Stade Toulousain si le choix de Yoann s'avérait être le bon. Dans ce contexte, en résumé, je n'allais plus servir qu'à boucher les trous et à jouer le grand frère. Je comprenais le raisonnement de Guy, mais dans ces conditions, mieux valait arrêter. Cirer le banc, ce n'est pas mon truc, j'allais mal le vivre. C'était très dur, mais je devais raisonner en professionnel, pas à l'affectif. Et je ne voulais pas de tournée d'adieux. Finalement, ce dialogue ainsi que l'attention que Guy me témoignera sur mes derniers matches représentèrent un dénouement assez symbolique de ce qu'auront été nos rapports pendant douze ans.

J'ai toujours eu des relations correctes et respectueuses avec mes entraîneurs. Jamais d'engueulades ; des discussions appuyées, parfois. Aussi avec Guy. Il me restera le souvenir d'un homme très respectueux à partir du moment où l'on se consacre entièrement à la même activité que lui : le Stade Toulousain. Si on se met à penser un peu à autre chose et que le Stade Toulousain en pâtit, là il devient intransigeant. C'est son rôle, en même temps... Mais du coup, cela a généré quelques conflits entre nous. Ayant connu d'autres choses, je ne pouvais être aussi radical que lui. Je lui ai reproché son sectarisme affectif, comme il m'a reproché que le centre de mon monde rugbystique ne soit pas tout à fait à Toulouse, contrairement au sien.

S'il s'est évidemment construit en tant qu'entraîneur, puis manager, un palmarès unique, il s'est aussi fabriqué un personnage dans l'opposition quasi systématique au staff du quinze de France. Il n'a jamais raté une occasion de mettre la pression sur l'encadrement des Bleus, qu'il s'agisse du staff médical ou du staff technique. Parfois à raison, parfois à tort. Je suis sûr qu'au fond, même s'il ne le confirmera jamais, c'était son plus grand rêve que de prendre les rênes de l'équipe de France. Aurait-il fait aussi bien là qu'à Toulouse ? Difficile à dire. Le jeu qu'il prône place l'initiative du joueur au centre du système. Or, les joueurs changent tellement souvent en sélection que l'on ne peut se passer d'un cadre plus défini. Et puis, Guy a tellement besoin de connaître ses hommes qu'il serait en manque de les avoir si peu sous la main. Guy, il a le calendrier de la saison imprimé dans son rythme biologique : plus on approche des moments importants, plus il parle, moins il sourit... Il en aurait été de même s'il était devenu sélectionneur. Je suis persuadé qu'il serait monté avec force au créneau pour réclamer la mise à disposition des internationaux, dont il s'est pourtant tellement plaint depuis des années.

Nous n'avons pas été complices, nous n'avons partagé que peu d'intimité. Mais le respect réciproque, souvent teinté d'affection, a toujours prévalu. Tout est passé dans la relation entraîneur-entraîné. Sans détours. Guy a l'art de manier les hommes et les âmes. Entre la sollicitude dont il sut faire preuve lorsque durant l'été 2008, il me lâcha : « Si j'avais été entraîneur de l'équipe de France, je ne t'aurais pas laissé partir après la Coupe du monde. » Et sa manière bien à lui de chatouiller l'orgueil de ses joueurs, ainsi qu'il le fit avec moi avant la demi-finale de Championnat face à Clermont en 2006 : « Bien sûr que Laporte va te prendre pour la Coupe du monde », m'assura-t-il avec l'air de celui qui a gardé le meilleur pour la suite. Et le meilleur ne tarda pas : « Mais avec le niveau que tu as en ce moment, est-ce que tu le mérites vraiment ? »

Même s'il s'agissait alors de me motiver, je crois bien que lui-même en doutait…

116

Et une dernière chanson pour vous dire...

J'aurais peut-être dû annoncer mon départ plus tôt dans la saison. On m'offrit un jambon à Bayonne, un coffret de foie gras à Mont-de-Marsan, etc. En calculant mieux le coup, j'aurais pu ouvrir une épicerie fine ou au moins emmagasiner des réserves pour mes vieux jours.

Sportivement, j'avais rêvé meilleure sortie. La défaite en quarts de finale de Coupe d'Europe à Cardiff – litigieuse – et celle en demi-finale en Championnat face à Clermont – sans équivoque – ont montré que nous n'étions pas aussi bien préparés physiquement que la saison d'avant. Nous étions moins incisifs dans tous les domaines. D'aucuns qui auront lu les chapitres précédents comprendront qu' « il n'y avait pas d'âme dans cette équipe » et que c'est sans doute « la fin d'un cycle »...

En revanche, humainement, j'ai eu une belle fin. Le plus émouvant fut mon dernier match à Toulouse. Peut-être parce que dire au revoir à des gens qu'on connaît peu n'est pas aussi difficile que de dire au revoir aux siens. Et dire au revoir à Ernest Wallon comme joueur, c'était quitter ma maison pour un long voyage dont je ne reviendrais jamais.

Ce 25 avril, quelques jours après l'annonce publique de mon retrait, tous mes proches étaient là, ma famille, mes amis, et tous ceux qui avaient compté dans ma carrière, dont la plupart avait assisté à son vrai coup d'envoi tout près d'ici au Stadium, face aux All Blacks, quatorze ans plus tôt. La veille, les joueurs m'avaient offert un fauteuil tapissé du maillot du Stade, comme le veut la tradition. On honore ainsi le départ de ceux qui ont un peu duré au club. Tout en pudeur, Guy

Novès insista dans son briefing d'avant-match : « Il faut faire de beaux adieux à Fabien. » Le match, face à Bourgoin, fut le pire spectacle de la saison, mais l'important, c'était l'intention ! Au final, le public me réserva une belle fête, qu'on prolongea un peu dans la nuit…

À Bordeaux, un mois plus tard, en voyant ce stade Chaban-Delmas debout et m'ovationnant, je me suis d'abord dit que les supporters auvergnats qui s'étaient levés spontanément pour moi n'étaient vraiment pas rancuniers ; j'ai gagné mes trois Brennus face à leurs protégés. Puis j'ai pensé que parmi tous ces gens qui m'applaudissaient, certains voulaient témoigner leur respect pour moi, et d'autres leur plaisir de me voir partir !

Je souris mais, à voir ça, au fond, je ressentais beaucoup de fierté : ils me saluaient comme on dit au revoir à un vieux copain qui a accompagné notre vie pendant des années. Un peu comme si Michel Drucker se décidait un jour à arrêter la télé ! Je me suis dit que si les choses se passaient ainsi, c'est que j'avais dû marquer un peu les gens et que je laissais de moi une image sympathique. Et finalement, c'est de là que vint l'émotion : les années avaient passé mais le regard du public, comme celui de mes amis, de mes coéquipiers, n'a jamais changé.

117
Casier vierge

Je n'en avais pas tout à fait fini avec ma vie de joueur. Je devais venir au club vider mon casier. Il y a différentes façons de le faire. En son temps, Christian Califano, lui, avait choisi la méthode « Huns » : au moment de partir, un peu fâché il est vrai, il avait fracassé son placard afin qu'un neuf soit reconstruit à sa place.

Le jour où je me décidai à venir, le club était quasiment désert. Il y avait quand même là, dans les vestiaires, ces chers papys qui ont voué leur vie au Stade Toulousain. Dans leurs yeux, je pouvais lire la tendresse qu'ils ressentaient à me voir rassembler une dernière fois mes effets personnels. Certaines de ces affaires devaient être là depuis la construction du casier, car je les avais totalement oubliées : une vieux trèfle à quatre feuilles qu'une mamie supportrice nous donnait avant chaque finale; des fringues de rugby en pagaille, un vieux jean… et mes derniers crampons. Je prenais mon temps à décortiquer le contenu de ce casier, comme s'il s'agissait de savourer les dernières secondes de mon dernier match.

Le casier vidé, je décrochai lentement et minutieusement la plaque portant mon prénom et mon nom, plaçai le tout en vrac dans un sac et quittai le vestiaire. Au moment d'en refermer la porte, j'entendis les quelques papys présents se mettre à applaudir…

Je ne m'éternisai pas, jetai le sac dans le coffre de la voiture, que je démarrai promptement. Mais alors que je franchis les grilles du stade, je réalisai : je n'étais plus joueur de rugby. J'étais désormais comme ces anciens dont le nom est inscrit dans le marbre à l'entrée du club : il ne me restait plus que le palmarès et la mémoire.

118

Et au milieu coulera toujours une rivière

Début juillet 2009, j'allai pointer aux Assedic. Je dois être le seul chômeur qui ne soit pas vraiment demandeur d'emploi pour l'instant. J'ai cette chance. Je vais gérer quelques affaires, peut-être m'inscrire dans un club de foot, histoire de boucler la boucle, et voir comment cela se passe avec France A, dont je n'ai été pour l'instant qu'un manager à temps très partiel. Toujours étranges, ces périodes de flottement…

Début 2008, alors que je venais d'annoncer ma retraite internationale et que mon arrêt définitif était une première fois programmé pour la fin de saison, je savais déjà les doutes qui pesaient sur la réalité de ma décision. Un jour, je croisai Jean-Claude Skrela au Stade Toulousain. Jean-Claude aura été une sorte de fil rouge dans ma carrière. Sentant mes hésitations, il me lança : « C'est dur d'arrêter, hein ? »

Ben oui, c'est dur. Et maintenant que le rideau est tiré, ça l'est d'autant plus.

Le plus dur n'a pas été de quitter l'équipe de France. J'étais préparé à ça. Non, le plus douloureux, c'est d'arrêter de jouer. C'est de se projeter dans une autre vie, dans un inconnu vidé de ce qui vous a fait vous lever tous les matins pendant plus de trente ans et qui vous fait vous sentir vivant : le jeu, le groupe, le combat collectif…

Lors des mes blessures après 2005, ce n'est pas mon absence au haut niveau que j'avais mal vécue, mais de ne plus vivre les mêmes choses que les autres. Jusqu'aux moments les plus simples, la vie en communauté des dernières heures avant un match, les sensations collectives nées de la victoire ou de la défaite... Ce sont ces manques-là qui vous rappellent que le plus important n'est pas de perdre ou de gagner, mais d'être bien ensemble. Et de savoir profiter de ce qui n'est rien d'autre qu'un prolongement inespéré de l'enfance. Ne serait-ce pas cela le plus douloureux ? Refermer ce chapitre bienheureux, ses libertés et son insouciance. Bienvenue dans la vraie vie, grand !

Dix-huit ans ont passé depuis mes années Graulhet. La vie du rugbyman professionnel est devenue schizophrénique, presque « désociabilisée ». Moi, l'enfant dont l'horizon ne dépassait pas d'un côté les Pyrénées, de l'autre les plages de Gruissan pour la semaine de vacances annuelles en famille, j'ai parcouru le monde. Je me suis marié, je suis devenu père, j'ai quasiment multiplié mon salaire par cent depuis les 4 000 francs mensuels de l'époque et la vieille Renault 19 fournie par le SC Graulhet.

Mais alors que j'en termine avec ces quelques lignes, la petite gloire acquise sur la durée n'est pas la plus belle des victoires. Me reviennent d'abord, encore et encore, comme disait Ferré, ces « sprints gagnés sur l'écume » de mes collines, ces défis à l'autre autant qu'à moi-même, ces coins de comptoir, ces vestiaires et ces terrains sur lesquels, à bien y regarder, on aura bien vécu. Et alors qu'il me faut en finir, je me dis qu'il faut bien se rendre à l'évidence : je serai toujours un produit de la terre. Et un rugbyman.

REMERCIEMENTS

« À l'heure des remerciements, je réalise le nombre de personnes qui m'ont aidé durant ma carrière. Au même titre qu'on ne peut pas coucher tous les noms sur la feuille de match, je vais devoir à mon tour procéder à une sélection. J'espère qu'a travers cette sélection, toutes ces personnes se reconnaîtront.

Mes premiers remerciements iront à mes parents qui ont sacrifié leur temps libre pour la passion de leurs enfants, et qui ont réussi à faire de nous des adultes bien dans leur peau et épanouis.

Je voudrais remercier mon frère et ma sœur, camarades de jeux de tous les instants, dans ces grands espaces que nous offrait la ferme de notre enfance.

Je voudrais remercier mon épouse qui a subi tous mes moments d'absence ainsi qu'une vie centrée sur le match du week-end.

Je terminerais en remerciant évidemment Jean-Paul Dubois, et celui sans qui ce livre n'existerait pas. Merci Benoît et mille excuses pour ces nuits blanches à penser à ma vie. Tu sais désormais tout de moi. J'ai aimé ces moments partagés, et je te souhaite le meilleur pour l'avenir. Surtout de t'améliorer au baby-foot... »

TABLE DES MATIÈRES

FABIEN PELOUS

Né le 7 décembre 1973 à Toulouse (Haute-Garonne)
1,98 m, 108 kg, Deuxième ligne

CARRIÈRE / PALMARÈS

En clubs

1983-1991 : Saverdun
1991-1994 : SC Graulhet
1994-1997 : US Dax
1997-2009 : Stade toulousain

Champion de France : 1999, 2001, 2008 (finaliste : 2003, 2006).

Vainqueur de la Coupe d'Europe : 2003, 2005 (finaliste : 2004, 2008).
Participation à 12 éditions consécutives de la Coupe d'Europe, de 1998 à 2009 (record).

Vainqueur de la Coupe de France : 1998.
Vainqueur du Trophée des champions : 2001.
Vainqueur du Challenge de l'Espérance : 1994, 1995.
Vainqueur de la Coupe André Moga : 1994.

Il a annoncé sa retraite le 23 avril 2009.

En équipe nationale

118 sélections en équipe de France (record).
La première, le 17 octobre 1995 contre la Roumanie (Coupe latine) ; la dernière le 13 octobre 2007 contre l'Angleterre (Coupe du monde).

42 fois capitaine de l'équipe de France (record).
8 essais (40 points).

11 Tournois des Cinq ou Six Nations disputés : 1996, 1997, 1998, 1999, 2000, 2001, 2002, 2003, 2004, 2005, 2006.

4 Grands Chelems (1997, 1998, 2002, 2004) et une victoire (2006).

3 participations à la Coupe du monde :
finaliste en 1999 (contre l'Australie) ; demi-finaliste en 2003 et 2007 (contre l'Angleterre).

Vainqueur de la Coupe Latine : 1995, 1997

Champion du monde Universitaire : 1996

Champion du monde FIRA : 1992 (amateur)

Participations aux tournées en Argentine (1996, 1998, 2002), en Australie (1997, 2002), en Nouvelle-Zélande (1999), aux États-Unis et au Canada (2004), et en Roumanie et Afrique du Sud (2006).

Vainqueur au moins une fois de toutes les grandes nations du rugby.

Il a annoncé sa retraite internationale le 7 novembre 2007.

118 MATCHES EN BLEU

1	Coupe Latine	1995	**Roumanie - France**	**8-52**	17/10/95
2	Coupe Latine	1995	**Argentine - France**	**12-47**	21/10/95
3	Test Match	1995	**France - Nouvelle Zélande**	**22-15**	11/11/95
4	Test Match	1995	**France - Nouvelle Zélande**	**12-37**	18/11/95
5	Tournoi des V Nations	1996	**France - Angleterre**	**15-12**	20/01/96
6	Tournoi des V Nations	1996	**Ecosse - France**	**19-14**	3/02/96
7	Tournoi des V Nations	1996	**France - Irlande**	**45-10**	17/02/96
8	Test Match	1996	**France - Roumanie**	**64-12**	20/04/96
9	Test Match	1996	**Argentine - France**	**27-34**	22/06/96
10	Test Match	1996	**Argentine - France**	**15-34**	29/06/96
11	Test Match	1996	**Pays de Galles - France**	**33-40**	30/09/96
12	Test Match	1996	**France - Afrique du Sud**	**12-22**	30/11/96
13	Test Match	1996	**France - Afrique du Sud**	**12-13**	7/12/96
14	Tournoi des V Nations	1997	**Irlande - France**	**15-32**	18/01/97
15	Tournoi des V Nations	1997	**France - Pays de Galles**	**27-22**	15/02/97
16	Tournoi des V Nations	1997	**Angleterre - France**	**20-23**	1/03/97
17	Tournoi des V Nations	1997	**France - Ecosse**	**47-20**	15/03/97
18	Test Match	1997	**France - Italie**	**32-40**	22/03/97
19	Test Match	1997	**Roumanie - France**	**20-51**	1/06/97
20	Test Match	1997	**Australie - France**	**29-15**	21/06/97
21	Test Match	1997	**Australie - France**	**26-19**	28/06/97
22	Coupe Latine	1997	**France - Italie**	**30-19**	18/10/97
23	Coupe Latine	1997	**France - Roumanie**	**39-3**	22/10/97
24	Coupe Latine	1997	**France - Argentine**	**32-27**	26/10/97
25	Test Match	1997	**France - Afrique du Sud**	**32-36**	15/11/97
26	Test Match	1997	**France - Afrique du Sud**	**10-52**	22/11/97
27	Tournoi des V Nations	1998	**France - Angleterre**	**24-17**	7/02/98
28	Tournoi des V Nations	1998	**Ecosse - France**	**16-51**	21/02/98
29	Tournoi des V Nations	1998	**France - Irlande**	**18-16**	7/03/98
30	Tournoi des V Nations	1998	**Pays de Galles - France**	**0-51**	4/04/98
31	Test Match	1998	**Argentine - France**	**18-35**	13/06/98
32	Test Match	1998	**Argentine - France**	**12-37**	20/06/98

33	Test Match	1998	**Fidji - France**	**9-34**	27/06/98
34	Test Match	1998	**France - Argentine**	**34-14**	14/11/98
35	Test Match	1998	**France - Australie**	**21-32**	21/11/98
36	Tournoi des V Nations	1999	**Irlande - France**	**9-10**	6/02/99
37	Tournoi des V Nations	1999	**France - Pays de Galles**	**33-34**	6/03/99
38	Tournoi des V Nations	1999	**Angleterre - France**	**21-10**	20/03/99
39	Test Match	1999	**France - Roumanie**	**62-8**	3/06/99
40	Test Match	1999	**Samoa - France**	**22-39**	12/06/99
41	Test Match	1999	**Tonga - France**	**20-16**	16/06/99
42	Test Match	1999	**Nouvelle Zélande - France**	**54-7**	26/06/99
43	Test Match	1999	**Pays de Galles - France**	**34-23**	28/08/99
44	Coupe du Monde	1999	**France - Canada**	**33-20**	2/10/99
45	Coupe du Monde	1999	**France - Namibie**	**47-13**	8/10/99
46	Coupe du Monde	1999	**France - Fidji**	**28-19**	16/10/99
47	Coupe du Monde	1999	**Nouvelle Zélande - France**	**31-43**	31/10/99
48	Coupe du Monde	1999	**Australie - France**	**35-12**	6/11/99
49	Tournoi des VI Nations	2000	**Pays de Galles - France**	**3-36**	5/02/00
50	Tournoi des VI Nations	2000	**France - Angleterre**	**9-15**	19/02/00
51	Tournoi des VI Nations	2000	**Ecosse - France**	**16-28**	4/03/00
52	Tournoi des VI Nations	2000	**France - Irlande**	**25-27**	19/03/00
53	Tournoi des VI Nations	2000	**France - Italie**	**42-31**	1/04/00
54	Test Match	2000	**France - Australie**	**13-18**	4/11/00
55	Test Match	2000	**France - Nouvelle Zélande**	**26-39**	11/11/00
56	Test Match	2000	**France - Nouvelle Zélande**	**42-33**	18/11/00
57	Tournoi des VI Nations	2001	**France - Ecosse**	**16-6**	4/02/01
58	Tournoi des VI Nations	2001	**Irlande - France**	**22-15**	17/02/01
59	Tournoi des VI Nations	2001	**Italie - France**	**19-30**	3/03/01
60	Tournoi des VI Nations	2001	**France - Pays de Galles**	**35-43**	17/03/01
61	Tournoi des VI Nations	2001	**Angleterre - France**	**48-19**	7/04/01
62	Tournoi des VI Nations	2002	**France - Italie**	**33-12**	2/02/02
63	Tournoi des VI Nations	2002	**Pays de Galles - France**	**33-37**	16/02/02
64	Tournoi des VI Nations	2002	**France - Angleterre**	**20-15**	2/03/02
65	Tournoi des VI Nations	2002	**Ecosse - France**	**10-22**	23/03/02
66	Tournoi des VI Nations	2002	**France - Irlande**	**44-5**	6/04/02
67	Test Match	2002	**Argentine - France**	**28-27**	15/06/02
68	Test Match	2002	**Australie - France**	**29-17**	22/06/02
69	Test Match	2002	**Australie - France**	**31-25**	29/06/02
70	Test Match	2002	**France - Afrique du Sud**	**30-10**	9/11/02
71	Test Match	2002	**France - Nouvelle-Zélande**	**20-20**	16/11/02
72	Test Match	2002	**France - Canada**	**35-3**	23/11/02
73	Tournoi des VI Nations	2003	**Angleterre - France**	**25-17**	15/02/03
74	Tournoi des VI Nations	2003	**France - Ecosse**	**38-3**	23/02/03
75	Tournoi des VI Nations	2003	**Irlande - France**	**15-12**	8/03/03

76	Tournoi des VI Nations	2003	**Italie - France**	**27-53**	23/03/03
77	Tournoi des VI Nations	2003	**France - Galles**	**33-5**	29/03/03
78	Test Match	2003	**France - Roumanie**	**56-8**	22/08/03
79	Test Match	2003	**France - Angleterre**	**17-16**	30/08/03
80	Test Match	2003	**Angleterre - France**	**45-14**	6/09/03
81	Coupe du Monde	2003	**France - Fidji**	**61-18**	11/10/03
82	Coupe du Monde	2003	**France - Japon**	**51-29**	18/10/03
83	Coupe du Monde	2003	**France - Ecosse**	**51-9**	25/10/03
84	Coupe du Monde	2003	**France - Irlande**	**43-21**	9/11/03
85	Coupe du Monde	2003	**France - Angleterre**	**7-24**	16/11/03
86	Coupe du Monde	2003	**France - Nouvelle-Zélande**	**13-40**	20/11/03
87	Tournoi des VI Nations	2004	**France - Irlande**	**35-17**	14/02/04
88	Tournoi des VI Nations	2004	**France - Italie**	**25-0**	21/02/04
89	Tournoi des VI Nations	2004	**Pays de Galles - France**	**22-29**	7/03/04
90	Tournoi des VI Nations	2004	**Ecosse - France**	**0-31**	21/03/04
91	Tournoi des VI Nations	2004	**France - Angleterre**	**24-21**	27/03/04
92	Test Match	2004	**Etats-Unis - France**	**31-39**	3/07/04
93	Test Match	2004	**Canada - France**	**13-47**	10/07/04
94	Test Match	2004	**France - Australie**	**27-14**	13/11/04
95	Test Match	2004	**France - Argentine**	**14-24**	20/11/04
96	Test Match	2004	**France - Nouvelle-Zélande**	**6-45**	27/11/04
97	Tournoi des VI Nations	2005	**France - Ecosse**	**16-9**	5/02/05
98	Tournoi des VI Nations	2005	**Angleterre - France**	**17-18**	13/02/05
99	Tournoi des VI Nations	2005	**France - Pays de Galles**	**18-24**	26/02/05
100	Tournoi des VI Nations	2005	**Irlande - France**	**19-26**	12/03/05
101	Tournoi des VI Nations	2005	**Italie - France**	**13-56**	19/03/05
102	Test Match	2005	**France - Australie**	**26-16**	5/11/05
103	Tournoi des VI Nations	2006	**Ecosse - France**	**20-16**	5/02/06
104	Tournoi des VI Nations	2006	**France - Irlande**	**43-31**	11/02/06
105	Tournoi des VI Nations	2006	**France - Italie**	**37-12**	25/02/06
106	Tournoi des VI Nations	2006	**France - Angleterre**	**31-6**	12/03/06
107	Tournoi des VI Nations	2006	**Pays de Galles - France**	**16-21**	18/03/06
108	Test Match	2006	**Roumanie - France**	**14-62**	17/06/06
109	Test Match	2006	**Afrique du Sud - France**	**26-36**	24/06/06
110	Test Match	2006	**France - Nouvelle Zélande**	**3-47**	11/11/06
111	Test Match	2007	**Angleterre - France**	**15-21**	11/08/07
112	Test Match	2007	**France - Angleterre**	**22-9**	18/08/07
113	Test Match	2007	**Pays de Galles - France**	**7-34**	26/08/07
114	Coupe du Monde	2007	**France - Argentine**	**12-17**	7/09/07
115	Coupe du Monde	2007	**France - Namibie**	**87-10**	16/09/07
116	Coupe du Monde	2007	**France - Géorgie**	**6-47**	27/09/07
117	Coupe du Monde	2007	**France - Nouvelle Zélande**	**20-18**	6/10/07
118	Coupe du Monde	2007	**France - Angleterre**	**9-14**	13/10/07

CHEZ LE MÊME ÉDITEUR

Claude Makelele – « Tout simplement »
Jérôme Rothen – « Vous n'allez pas me croire »
Emmanuel Petit – À fleur de peau
Didier Drogba – « C'était pas gagné… »
Patrick Béon – Nu dans mes bottes
Ladji Doucouré – « Ma onzième haie »
Le rugby est ma patrie – Le combat des Yachvili
(par Denis Lalanne)
Rafael Nadal – Maître sur terre
(par Jaume Pujol-Galceran et Manel Serras)
Jacques Anquetil – Le rebelle
(par Jacques Marchand)
Michel Jazy – L'ange de la piste
(par Alain Billouin)
Marcel Cerdan
(par Jacques Marchand)
Antoine Blondin – Un singe en été
(par Jacques Augendre)
La Folle Histoire du Paris Saint-Germain
(par Damien Degorre et Jérôme Touboul)
La Grande Histoire de l'Olympique Lyonnais
(par Vincent Duluc)
La Grande Histoire de l'Olympique de Marseille
(par Alain Pécheral)

ISBN13 : 978-2-916400-56-3
Dépôt légal : octobre 2009

Achevé d'imprimer par CPI Brodard & Taupin (La Flèche, FRANCE)
N° d'impression : 54627